日本語を護れ！

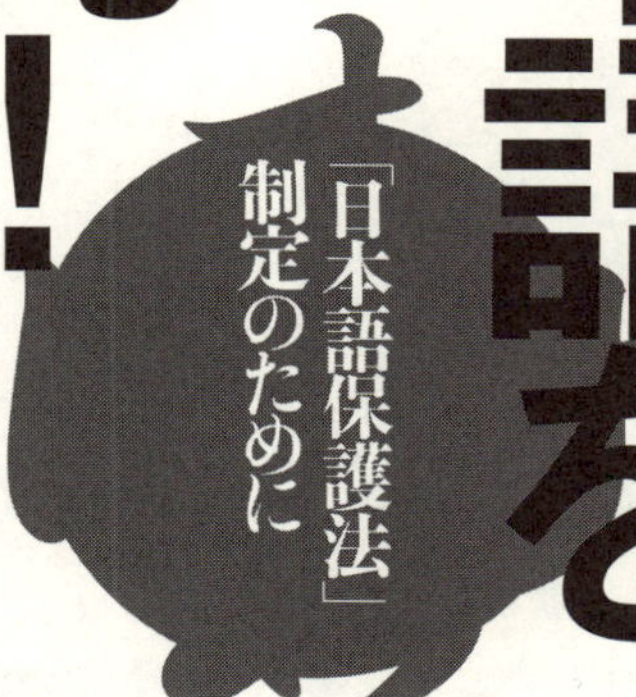

「日本語保護法」制定のために

津田幸男

明治書院

「日本語保護法」草案

日本語は、日本人の心と魂であり、日本人のアイデンティティを成し、また日本の貴重な公共文化財であることを鑑み、またグローバル化の進行による英語支配への対応として、そして国内の多言語化に備えて、日本の歴史と伝統と文化の基盤である日本語を護るためにここに「日本語保護法」を制定する。

〔本法律の目的〕

第1条　本法律は、日本語の地位とその使用に関する規定を明確にし、日本語の保護を目的とする。

〔日本語の地位〕

第2条　日本語は日本国の国語である。

〔日本語の使用〕

第3条　日本語はすべての公的コミュニケーションで使われなければならない。

〔公共サービスの言語〕

第4条　公共サービスのための言語は日本語である。

〔教育言語〕

第5条　公教育の言語は日本語である。

［日本語の範囲］

第6条　日本語は共通語と方言と日本手話からなる。

［先住民言語］

第7条　アイヌ語は日本の先住民言語である。

［外国語］

第8条　日本語と先住民言語以外の言語を外国語とみなす。

［言語習得］

第9条　外国人は日本人と同様日本語でコミュニケーションできる力を養わなければならない。

第10条　日本政府及び地方自治体は日本語習得のための環境を整備しなければならない。

［日本語の保護］

第11条　日本政府及び各地方自治体は日本語の保存、保護および積極的使用に努めなければならない。

第12条　日本政府及び各地方自治体は「美しい日本語」の発展、教育、啓蒙に努めなければならない。

［日本語の日］

第13条　2月5日を「日本語の日」とし、国民の休日とする。
日本政府及び地方自治体はこの日に「日本語の日」を祝う記念行事を開催しなければならない。

［方言の日］

第14条　各地方自治体は「方言の日」を制定し、各地域の方言の保護、発展、啓蒙に努めなければならない。

まえがき

「日本語を護れ！」と聞いても、ほとんどの人は「なんで？」と思うでしょう。
「日本語がなくなるなんてありえない」とほとんどの人は思っているでしょう。

しかし、日本語はそれほど安泰な言語ではありません。

まず、日本には日本語を護る法律がありません。「日本語が国語である」と明言している法律もありません。日本語を護り、維持していく法的根拠がまったくありません。

学校教育は今は日本語で行なわれていますが、これも「教育は日本語で行なわなくてはならない」という法的規定があるわけではありません。しかも、最近文部科学省は大学教育において「英語による講義」を奨励していますし、高校では「英語で英語を教える」ことが指導要領で指示されています。その上、小学校では英語教育が始まっており、小さい頃から、英語に親しむ子どもが増えています。

学校以外の一般社会を見ると、「英語社内公用語化」が進んでいます。会社内の会議やコミュニケーションが英語になる会社が増えています。

父親は会社で英語、子どもは学校で英語、母親も英会話スクールに通っているという家族が珍しくありません。

このように日本には今、英語が充満し、それはあたかも日本語に置き換わるような勢いです。動物と植物の世界では今、「外来生物」が増殖して、日本古来の「在来生物」が衰退しています。日本にある「在来植物」七〇〇〇種のうちの四分の一は「消滅の危機」に瀕しています。

同じことが、日本語にも当てはまります。

国立国語研究所の調査によりますと、一九五六年の雑誌における外来語の割合が九・八％だったのが、一九九四年には三四・八％と約三・五倍に跳ね上がりました。そして、日本語の割合が八四・二％から五八・九％に減少してしまいました。

日本語の中の日本語の語彙が確実に減少しているのです。同じ調査を今年行なったら、確実にその割合は五〇％以下になっているでしょう。外来語のほうが多くなった言語は到底安泰な言語とはいえません。

このような日本語の厳しい現実があるにもかかわらず、日本人も日本の政府も「のほほん」としています。

意識的に「日本語を護ろう！」などという人はいません。

日本人は日本語が存在することを当たり前に思っています。まるで水や空気とおなじように考えています。

しかし、こうして日本語で生活できるのは当たり前のことではありません。今まで、日本語が存在して、そして日本が日本語のみで運営し、生活できる国になったのは先人のたゆまぬ努力があったからです。「日本語の安全保障」は努力なしではありえません。

そのことを日本人はすっかり忘れています。

そのことを思い起こし、日本語を護るために本書を出版いたします。

本書は、私がこの一〇年くらいにあちこちで行なった講演の原稿を中心に、いくつかの小論と大学での「ミニ講義」録を加えて一冊にまとめたものです。

私は一九八〇年代から「英語支配論」という批判理論を展開してきましたが、それに加え本書では特に「安全保障」の視点から「日本語を護れ！」という議論を展開しています。

三部構成になっていますが、どこから読んでいただいてもかまいません。ただ、ほぼ同じ時期の講演録ですので、一部内容に重複がありますことをご容赦下さい。

本書の最も重要な主張は「日本語保護法」を制定せよというものです。私が考案した草案を、本書の冒頭に付しておきました。この制定が実現すれば、日本初の「言語法」の誕生という画期的な出来事になります。草案を是非お読みください。

物事の変化を敏感に感じる人なら、私が本書で言わんとしていることはわかるはずです。

「最近、英語が氾濫している」

「日本語は大丈夫だろうか?」

なんとなく違和感を抱いている人は、本書を読んでその違和感が根拠のあるものであることを知るはずです。そして、「日本語を護ることの大切さ」「日本語の安全保障の大切さ」を知ることでしょう。もはや、日本語を意識的に護らなければならない時代になったといえます。

なお、終章は本書のために書き下ろしたものです。国語教育がテーマですが、国語の先生に限定したものではなく、どなたでも興味が持てる内容です。是非ご一読ください。

目次

序章

「日本語保護法」の制定を急げ！

――日本語の安全保障のために

はじめに

日本語を取り巻く現状を見るときに、私は今こそ「日本語保護法」を制定しなければならないと確信します。

私は日本語学や国語学の専門家ではありません。長年、英語教師でありながら、「英語支配論」を展開してきた一学徒にすぎません。

そんな私ですが、二〇一一年に出版した『日本語防衛論』（注1）の中で「日本語保護法」の草案を発表し、日本の言語と文化の安全保障のために、この法律が一日でも早く成立することを訴えました。本書の冒頭でもこの「日本語保護法」を取り上げます。なぜなら、その制定を急がなければならないからです。

本章ではまず、日本語を取り巻く現状を分析し、そして、私が発案した「日本語保護法」草案とその中味を紹介し、なぜ日本語を護る法律が必要なのか明らかにしたいと思います。

『日本語が亡びるとき』の衝撃

二〇〇八年、作家の水村美苗氏が発表した『日本語が亡びるとき』（注2）が話題になりました。「英語の世紀」の中で、多くの日本のエリートたちは英語の使い手となり、日本語から離れ、日本語は「読まれるべき言語」でなくなり、それゆえに日本文学も衰退していくだろうとの警告の書です。

水村氏は、現在人類は二つの言語問題に直面しており、一つは「英語支配」で、もう一つは「世界の言語多様性の衰退」であるとして、今日、世界の言語は「国際語」―「国語」―「現地語」という三層構造からなり、現在は「国語」が「現地語」の衰退を引き起こしているが、これからは、「国際語」である英語の支配力により、「国語」が衰退する危険性があると論じています。

水村氏の指摘は的確で、私は深く同感いたします。それに、私が今まで展開してきた「英語支配論」の問題意識を共有しています。私は一九八六年に出版した*Language Inequality and Distortion*（オランダ：ジョン・ベンジャミンズ社）や一九九〇年に出版した『英語支配の構造』以来、「西洋普遍主義」の象徴としての「英語支配」が生み出す不平等と差別に異議を唱えて来たからです（注3）。

現在、英語の濫用、英語社内公用語化、小学校の英語教育といった具合に、日本国内の「英語支配」がますます深化し、英語が日本人の意識と日常を支配している現実を見ると、『日本語が亡びるとき』の警告はいやがうえでも真実味を帯びてくるのであります。

まさに、私たちは、「日本語が亡びないように」準備をしなければならないのです。

日本の英語支配空間化と防衛意識の欠如

しかし、日本政府も国民も準備どころか、私や水村氏の懸念のかけらも抱いていないのが現実です。目を国内に向けると、日本の「アメリカ文化植民地化」が進行しています。

東京ディズニーランドは相も変わらぬ人気で、その累積入場者は二〇一〇年末までにすでに五億人を越えています（注4）。マクドナルド・ハンバーガーは全国に三三〇〇店あり、日本人の食生活に食い込んでいます（注5）。ショッピングモールは各地に急増しており、そこはまさに「英語支配空間」になっています。

しかも、英語を主とした「外来語の濫用」はすでに慢性的です。若者は「やる気」を「モチベーション」と言う一方で、政府は「国民との討論集会」を「タウンズ・ミーティング」と言うありさまです。こういう例は山ほどあり、日本語が急速に英語に置き換わっているのです。

二〇〇六年の国立国語研究所の調査によると、雑誌における外来語の使用率は一九五六年から一九九四年の間に三・五倍増加した、ということです（注6）。同時に、「和語」「漢語」の使用率が減少しています。

さらに、「英語社内公用語化」は各企業で進行し、小学校では英語教育が正式科目として始まりました。大人も子どもも英語に縛られ、引き寄せられ、日本語から離れているのです。

その上、外国人の流入が止まりません。職場で、学校で、隣近所で日本語を話さない、わからない外国人が増えています。「日本語を話さない日本」が広がっているのです。

このように、日本に「英語支配空間」が広がり、日本の中に「日本語が使われない空間」「日本語を使わない人々」が増えています。「日本語を話さない日本」が日本の中に広がっているのです。

しかし、このような現実が広がっているにもかかわらず、日本人はまったく無防備です。「国を護る」という「防衛意識」が欠如しているのです。

電通総研・日本リサーチセンターの二五ヶ国調査によりますと、「戦争が起きたら、国のために戦うか？」という質問に、「はい」と答えた日本人の割合は一五・一％で、二五ヶ国中二四位で、二五番目の国はデータなしなので、実質最下位というありさまです（注7）。

戦後、六〇年以上アメリカの軍事支配化にいると、これほどまでに「防衛意識」がなくなるのかと、唖然とするばかりです。

グローバル化が進行し、モノと情報はもちろん、外国人も急激に流入し、「英語支配空間」と「日本語を話さない日本」が広がりつつある日本において、このような無防備さでは、日本の独自性、主体性、社会秩序、伝統ははたして護れるのでしょうか？

はたして日本語を護ることができるのでしょうか？

「日本語保護法」草案

このような問題意識を持って、私は『日本語防衛論』を出版しました。

そして、『日本語防衛論』で、日本語を護るための五つの言語防衛戦略を提案しました。それらの概要は以下のとおりです（詳細は第二章及び拙著『日本語防衛論』をご参照ください）。

日本語を護るための五つの言語防衛戦略

1．日本では日本語を使おう　外国人に対し、日本にいるときは必ず日本語を使う。「郷に入りては郷に従え」で、外国人と対等関係を築くとともに、日本人の日本語への誇りと自信を築くため。

2．日本語本位の教育の確立　大学教育で日本語を必修科目にする。小学校、中学校、高校の国語の時間を増やす。外国語は選択科目にする。

3．「日本語保護法」の制定　日本語の消滅を防ぐため、日本語の地位と役割を法律的に保障する。私が考案した「日本語保護法」の草案は巻頭にあります。解説はこの後。

4．日本語を国際語にする　日本語は話者人口では世界第八位で、国際語になる資格が十分にある。日本の地位と威信を高められる。

5．日本をもっと宣伝せよ　「宣伝外交」「広報外交」を活発化し、日本の情報を世界に発信することにより、日本の影響力を高める。

1〜3は国内向けの戦略で、4と5は海外に向けての戦略といえます。

「日本語保護法」草案の解説

それでは、「日本語保護法」草案の中味を説明していきます。

まず「前文」です。ここでは日本語の意義と役割を明らかにしています。日本語は「日本の基盤」であり、「日本人の心と魂」であり、「日本人のアイデンティティ」であり、「日本の公共文化財」であるとしています。また、この法律の趣旨は、「英語支配への対応」であり、「国内の多言語化」への対応でもあるとしています。「英語支配」はもちろんのこと、外国人の増加により「国内の多言語化」も必至です。

本文は14条からなり、第1条はこの法律の「目的」を示しています。「日本語保護法」の目的は「日本語の地位と使用に関する規定」を明確にし、「日本語を保護すること」を目的とします。

第2条は「日本語の地位」で、「日本語は日本国の国語」であると謳っています。現在、「日本語は日本国の国語」と明記する法律はありません。それゆえに、法律で「日本語は日本国の国語」であることを明確にすることが重要なのです。

第3条から5条までは、「日本語の使用」「公共サービスの言語」「教育言語」とあり、「公的コミュニケーション」「公的サービス」「公教育」での日本語の使用を義務づけています。

第6条から8条までは、「日本語の範囲」「先住民言語」「外国語」とあり、それぞれが何をさすのかを明確にしています。なお、「先住民言語」に「琉球語」を入れていませんが、これは「琉球語」

が日本語の方言あるいは祖語であるという見解があるからです。また、この草案を書いた後、日本語の中に「日本点字」も入れるべきだったかと反省しています。

第９条と10条は「言語習得」に関することで、「外国人の日本語習得義務」と「政府・地方自治体の言語習得の環境整備の義務」を明確にしています。

第11条と12条は「日本語の保護」に関する規定で、ここでも政府と地方自治体が「日本語の保護」と「美しい日本語の発展」に責任があることを明確にしています。

第13条は「日本語の日」という規定です。「二月五日」は「ニ」と「ゴ」があるので、「ニホンゴ」という語呂に近い日付というのがこの日を選んだ理由です。もっとふさわしい日があるかもしれません。いずれにしても、「日本語の日」を設定することにより、日本人がより日本語を意識する、より大切にすることを狙った条文です。

その狙いは、次の第14条も同じです。「方言の日」を設定することにより、記念行事などを通して、方言保存の意識を高めることが目的です。

私は法律についてはまったくの素人ですので、中味にあまり自信がありません。読者の皆さんのご助言・ご批判を賜りたいと思います。なお、草案執筆に当たっては、スウェーデンの「言語法」を参考にしました。

法律で言語を護らなければならない

「日本語保護法」は、法律で日本語の地位と威信を確保しようとするものですが、多くの言語学者は、「ことばは人々のもの。だから法律で権力が介入するものではない」と「ことばの自由放任」を唱えるでしょう。

しかし、これは見当違いの意見で、今の時代は政治権力が介入するおかげでことばが実際に保護されているのです。「言語法」の作成は言語政策のもっとも大事な仕事といえます。

たとえば、「世界の言語多様性の衰退」を象徴する「消滅に瀕する言語」は、ユネスコが「レッドブック」を作ってその保存と記録に乗り出していますし、日本でも地方自治体が「方言の日」を制定することにより、方言保存の機運を高めています（九月一八日は沖縄県「しまくとぅーばの日」、二月一八日は奄美大島「方言の日」など）。

今こそ、ことばを守るために、ことばの地位と威信を法律で確保することが必要です。

ひるがえって、日本の現状を見ますと、これだけ外来語が氾濫しているにもかかわらず、なんらの規制もかけられていないことの方が奇妙です。国立国語研究所は「外来語言い換え表現集」を作成しましたが、法的強制力がないため無視されています。

一九九四年、フランスでは、英語支配に対抗して、「トゥーボン法」（フランス語の使用に関する法律）を成立させ、日常生活のほとんどの領域でフランス語の使用を義務付けており、違反には罰則を課すことになっています。法律でしっかり自分たちの言語を護ろうとしています。

同様に、ポーランドでは一九九九年に「国語保護法」を制定し、スウェーデンでは二〇〇九年に「言語法」を制定しています。いずれも、英語支配により国語の地位が脅かされていることと、ＥＵ統合により各国の主体性と独自性が弱まっていることへの懸念からこの法律の制定がなされたといえます。

グローバル化は各国を弱体化させる作用です。グローバル化の進行により、各国の主体性、独自性は確実に弱まり、各国の国語の地位も弱まっているといえます。

これを防ぐには「国語保護法」が効果的です。だから私は「日本語保護法」を提案するのです。

今、消滅に瀕しているのは言語だけでなく、動物や植物も同じです。日本の植物は七〇〇〇種ありますが、その四分の一は「絶滅危惧種」です（注8）。その原因は開発と「外来生物」の流入です。今、多摩川は捨てられた熱帯魚であふれ、在来種が減少しており、アマゾン川をもじって「タマゾン川」と呼ばれているほどです。

環境省は二〇〇五年に「外来生物法」を制定して、「外来生物」の規制に乗り出しました。危険な「外来生物」を特定し、その流入、売買、飼育等を制限する法律です。

同じ法律的規制を言語にも課すべきです。

人々の自由意思に任せる「ことばの自由放任」は無責任です。それでは日本語は弱まるばかりです。

動物も、植物も、言語も、人間も本来生息すべきところにいることが大事です。しかし、グローバル化により、あらゆるものの移動が激しくなり、本来あるべき「生態系」を破壊しています。このままでは、日本はおろか世界中の動物、植物、言語、人間の「生態系」が「弱肉強食の原理」に巻き込まれ、その存続が脅かされてしまいます。

これを食い止めるためには法律が必要です。

ゆえに私は「日本語保護法」を提案するのです。「日本語保護法」の制定によって、日本語の地位と威信を確立し、国語としての日本語を日本国内にしっかりと根付かせることにより、日本の言語と文化の安全保障を打ち立てるべきです。

日本語を護れ！ ―日本語は日本を護る防波堤

二〇一一年の東日本大震災とそれにともなう原子力発電問題は、私たちに「生き方の根本的な問い直し」を迫っていると私は思います。

戦後の日本を動かしてきた原理は「経済成長」と「豊かさの追求」ですが、その挙句の果てに「原発問題」を抱えなければならなくなったのです。

今私たちにとって必要な新たな原理は、「豊かさ」ではなく、「安心と安全の確保」という「安全保障」の原理ではないでしょうか。前国連事務総長のアナン氏は、「人間の安全保障」を「恐怖からの自由」であるといっています。

皆さんは、日本語のない世界を想像できますか？

ある言語学者は、五〇〇年後、世界にはたった一つの言語しかないと警告しています（注9）。

おそらくそれは英語でしょう。あるいは中国語かもしれません。

そのとき、日本語はこの地球上にないのです。日本列島の少数言語になっているかもしれません。

日本国さえ消滅しているかもしれません。

これほどの恐怖はありません。

この恐怖から自由になるために、今こそ私たちは日本語の未来のために、日本語の安全保障のために、準備をしなければならないのです。

そのための一つの方法として、私は「日本語保護法」を提案いたします。

「祖国とは国語」であり、日本語なくしては日本はありません。

日本の安全保障の要は日本語であり、日本語こそ日本を護る防波堤です。

日本語の安全保障を確立することが急務であります。

そして、日本人ひとりひとりがもっと「防衛意識」を持つべきです。

日本の領土も、日本語も、日本人が護らなくていったい誰が護るのでしょうか？

日本語を護れ！

注

1 津田幸男（二〇一一）『日本語防衛論』小学館

2 水村美苗（二〇〇八）『日本語が亡びるとき』筑摩書房

3 「英語支配論」の理解には次の三冊が参考になります。

津田幸男（一九九〇）『英語支配の構造』第三書館

津田幸男編著（一九九三）『英語支配への異論』第三書館

津田幸男（二〇〇六）『英語支配とことばの平等』慶應義塾大学出版会

4 オリエンタルランドグループホームページの「入園者数データ」（http://www.olc.co.jp/tdr/guest/）を基に計算。二〇一一年度末まで合計五億四〇一八万九〇〇〇人。二〇〇一年以降は東京ディズニーシーの入場者数との合算。［二〇一二年一二月五日参照］

5 日本マクドナルドホールディングスホームページの「IRイベント」「第40回定時総会」（http://www.mcd-holdings.co.jp/pdf/2011/40th_kabunusi.pdf）の四頁。［二〇一二年一二月五日参照］

6 国立国語研究所「外来語」委員会編（二〇〇六）「外来語の実態」（『外来語言い換え手引き』ぎょうせい、二二九〜二四九頁）

7 電通総研・日本リサーチセンター編（二〇〇八）『世界主要国価値観データブック』同友館

8 ミュージアムパーク茨城県自然博物館編（二〇一二）『植物たちのSOS』ミュージアムパーク茨城県自然博物館発行

9　R・M・W・ディクソン（大角翠訳）（二〇〇一）『言語の興亡』岩波書店

初出：『日本語学』第三一巻第一一号、二〇一二年九月、一部改変

第一部

英語中心主義を脱却せよ！

〔第一部概要〕

今の日本は「小学校の英語教育」や「英語社内公用語化」にあるように「英語中心主義」に陥っています。日本語が二の次になっています。受験や就職でもますます英語重視になり、多くの日本人は「英語が出来るようになりたい」と願っており「日本語中心の社会」になっていません。これでは日本語の未来は安泰ではありません。

この「英語中心主義」を脱却し、「日本語中心主義」を打ち立てなければなりません。第一部では「英語中心主義」の弊害を明らかにし、そこからの脱却を訴え、さらに日本語の大切さを論じます。

まず第一章では「英語化する日本」の実態と「英語中心主義」とは何かを明らかにし、「日本語中心主義」の確立を訴えます。

そして第二章では「日本語防衛論」を展開します。英語が日本にそして世界にいかに広がっているかを示した後に、その対策として五つの「日本語防衛戦略」を論じます。

第三章は「日本人は英語が出来なければならないのか」という重大な「問いかけ」を行ないます。日本人の多くが「英語が出来なければならない」という思い込みを持っていますが、その思い込みを解消し、発想を転換して逆に日本の教育で「日本語が出来なければならない」という当たり前のことを実践しなければならないと主張します。

第四章では「言語的外圧」が日本の言語教育を歪めていることを指摘します。「言語的外圧」とは「英語支配」「言語力支配」「情報化社会」のことで、これを強調する現代社会からの脱却を論じます。

【第一章】日本語を護れ！

——英語化する日本と英語中心主義

はじめに

こんにちは。

今日は「日本語を護れ！　―英語化する日本と英語中心主義」というタイトルでお話をしたいと思います。

「英語化する日本」と聞いて、皆さんはどんなことをイメージするでしょうか？　「英語化」とはいったいどんなことなのだろうか、と疑問に思うでしょう。

もう一つは「英語中心主義」です。「英語中心主義」とは一体どんな考えなのでしょうか？

この講演では、この二つのキーワードを中心に、現在の日本とそして世界が直面している大きな言語問題である「英語支配」という問題を明らかにしていきたいと思います。

私は長年「英語支配論」という議論を展開しています。一九八五年に南イリノイ大学で“Language Inequality and Distortion”という博士論文を、そして日本に帰国して一九九〇年に『英語支配の構造』という本を出して以来、現在まで「英語支配論」という批判理論を自分なりに育ててきました。というわけで、今日は「英語支配論」の視点から「英語化する日本」と「英語中心主義」について私の分析と解釈を展開したいと思います。

英語の世界化、世界の英語化 ―権力としての英語

まずは「英語の世界化、世界の英語化」という事実からお話ししたいと思います。英語は事実上現在の国際コミュニケーションの共通語になったといってよいと思います。世界中の国際組織の公用語は英語ですし、ビジネス、科学、メディア、観光などの共通語として幅広く使われています。話者人口こそ中国語より少ないですが、英語は国際社会の機軸言語として機能して、大きな権力となっているることが、私が「英語支配」と名づける所以であります。つまり、現代において、英語は単なる言語や媒体を越えて一つの大きな権力として、世界をコントロールしているということであります。フランスの言語学者カルヴェは、英語を「ハイパー中心言語」と名づけ、英語を頂点とした言語の階層が出来ていることを指摘しています（注1）。あまりにも影響力を持った英語が他の言語を周辺化し、従属させているわけです。そして、特に少数言語話者は自分たちの言語を離れ、英語に乗り換えることが少なからずあり、それが世界中の少数言語の衰退の原因の一つとなっていると考えられています。今、世界中で二週間につき一つの言語が消滅しており、今世紀末までには、世界の九五％の言語が消滅すると予測する言語学者もいます。そして、五〇〇〇年後には、地球にはたった一つの言語しか残らないという予測もあります（注2）。「英語支配」はやはり人類にとって大きな脅威となっているといえると思います。

日本社会の英語化、英語の充満

さて振り返って日本を見てみると「英語の充満」といえる現実を目の当たりにします。いわゆる外来語のほとんどは英語からの借用で、日常会話の中にも英語が飛び交っています。コミュニケーション、テレビ、ラジオ、メディア、ファミリー、コンビニといった具合です。しかしこれらの外来語はまだ意味がわかるからいいのですが、意味がわかりにくい外来語も多くなっています。ハザードマップ、ユビキタス、エンパワーメント、コンプライアンス等がその例で、すぐ意味がわかる人とそうでない人に分かれると思います。

実際、二〇〇二年のＮＨＫ放送文化研究所による二〇〇〇人を対象にした調査によると、「外来語の意味がわからなくて困った経験を持ったことがある」と答えた人は八〇％にものぼるということです（注3）。新しい外来語、つまり英語が日常生活で急速に増えていることを示しています。

さらに、日常用語のほかに、会社名や商品名も「英語化」が進んでいます。日本語の名前がついたものの方が少数であるという印象を持ちます。

わかりやすい例として、雑誌のタイトルが挙げられます。本屋の雑誌コーナーは「英語支配空間」でアルファベットが並びます。特に女性向けの雑誌は「英語（外来語）支配」が進んでいます。Junon・Nicola・Jelly・Soup・Spring・Cutie・Precious・Glamorous・Steady・Very・Domani・Female・Lee・Fudge・Ginger・Glitter・Vogue・Seda・Pinky・Nylon、そして極めつけはPrincess

Heartといった具合です。よくもこれだけそろえたものだとあきれてしまいます。無論日本語名の雑誌は少数派です。これはきっと日本女性の英語志向、欧米志向の強さを示しているのでしょう。

会社名も同じく「英語化」が進んでいます。一九八七年、日本国有鉄道がJRとなって以来、日本の会社名は一気に英語化したといえます。JA、JT、NTT、KDDI、そしてPanasonicといった具合です。そしてなかには会社名を英語に変えてから、売り上げが伸びたという会社もあるそうです（注4）。日本における英語の影響力を物語っています。また海外の市場向けに会社名をアルファベットにすることにより、日本の企業であることを隠す意図もあるそうです。日本企業としての誇りはないのでしょうか？

そして、テレビをつけると、ほとんどのコマーシャルは英語が使われ、外国人、特に白人が登場しています。たとえば、日本の消費者に向けて売られている自動車のコマーシャルなのに、外国語を話す外国人が登場しています。これは何を意味するのでしょうか？　日本人は白人が乗っている車にあこがれているのでしょうか？

IT化の日本語への影響

このような「日本社会の英語化」に拍車をかけているのが、高度情報化、いわゆるIT化であります。これにより、コンピューター関連の英語が日本人の日常会話に充満してしまったといえます。ログイン、メイル、アクセス、パソコン、クリック、プリントアウト、インターネットなど挙げたらきりがありません。

これにより、「日本語の英語化」はますます顕著になると考えられますが、その影響は微々たるものではないといえます。

第一に、コミュニケーションの電子化により、日本人の日本語に対する感覚が変化する可能性があります。これはどういうことかというと、私自身が今この原稿をパソコンでローマ字入力で書いていますが、それは、実際の日本語を自分では書いていないということを意味します。自分の手で、日本語を書いていないのです。その結果、恥ずかしいことですが、最近は漢字を自分の手で正確に書くことが苦手になっています。日本語に対する感覚が鈍っている、衰えている気がします。それは私の年齢のせいであるかもしれませんが、それだけでもないと思います。ことばの電子化が年齢に関わりなく私たちの言語感覚、私たちの日本語に対する感覚に影響を与えているということは十分に考えられます。

もう一つ、ことばの電子化の影響は、言語感覚をこえて、人間のコミュニケーション行動全体を変容させています。動物行動学者の正高信男氏は『ケータイを持ったサル』という著書をあらわし、ケータイによるコミュニケーションは、単純な信号交換のようなもので、それは猿が叫び声でコミュニケーションを交わしているのと似ていると指摘しています（注5）。人間の猿化の危険性があるということです。同様に、ジャーナリストの柳田邦男氏は「**ケータイ・ネット依存症**」と名づけて、現代の電子化したコミュニケーションが「人間疎外」を生み出していると指摘しています（注6）。たとえば若者の多くは携帯を持っていないと気持ちが不安定になるそうです。そして、医者の中にはパソコンにデータを打ち込むことに夢中で、患者の顔さえ見ない医者が増えているということです。

このように英語化と情報化の荒波を受けて、日本語と日本人がさまざまな衝撃にさらされていることは明らかです。

アメリカ文化支配

さて、もう一つ英語の侵入と同時に起きている文化支配の問題、すなわちアメリカ商業文化の日本社会そして世界全体に対する影響も忘れてはいけません。この影響は、日本において大変顕著です。

東京ディズニーランドの人気は私が語らなくてももうご存知のことと思います。驚くべきは、東京ディズニーランドが最近は修学旅行の主要な訪問地になっていることであります。まさに東京ディズニーランドは日本人にとっての新たな巡礼の土地になっているのです。そして若い恋人たちのデートの定番地でもあります。このようにディズニーランドは現代の日本人にとって、昔の「お伊勢参り」のようなある種の「聖地」になってきているといえます。それほどまでにディズニーランドは日本人の生活の中に入り込んで、その想像力を支配しているといえます。

マクドナルドもしかりです。現在日本国内には約三三〇〇店のマクドナルドがあります。これはアメリカに次いで二位の多さです。マクドナルドは日本人の食習慣に大きな影響を与えています。一九七一年、マクドナルドの第一号店が銀座に開店した時の新聞記事は、「マクドナルドで買ったハンバーガーやアイスクリームを歩きながら食べている」と批判しています。歩きながらものを食べるということが四〇年ほど前には顰蹙《ひんしゅく》を買う行為だったのです。今は誰もとがめません。

マクドナルドはアメリカ文化の象徴としての影響力は間違いなくあるといえます。マクドナルド日本の創始者藤田田氏はその影響力について、あるとき次のように述べています（注7）。

『日本人が小さくて黄色い理由は、二〇〇〇年の間、魚や米ばかり食べてきたからだ。マクドナルドのハンバーガーとポテトを一〇〇〇年間食べると、われわれはもっと大きくなって、肌が白くなり、金髪になるだろう』

しかし、今の日本人を見ていると一〇〇〇年もかからないでしょう。すでに日本人はかなりアメリカ的になっているからです。現代の日本人は「アメリカ系日本人」といってもよい。特に若い世代は。それほどまでにアメリカ商業文化が彼らの心に内面化しているのではないでしょうか。

同じように、スターバックスも大学のキャンパスに登場しました。私は筑波大学新聞にスターバックス開店に反対する議論を投稿しました。しかし、私の反対論など誰も見向きもしません。「ドトールのコーヒーの方が安いのに」というような意見しか筑波大学では出ませんでした。フランスやイギリスでは、マクドナルドが開店しようとする時、いくつかの街では反対運動が起きたそうです。しかし、スターバックス導入に対して、筑波大学で反対運動のような行動は全く見られませんでした。侵略してくるアメリカ商業文化に対して多くの日本人はあまりにも無頓着です。

このほかにも映画、音楽やファッションにおいてアメリカ商業文化の影響力は絶大なものがあり、日本人の、そして世界中の人々の価値観と生き方に多大な影響を及ぼしながらトータルに支配しているといえます。そして英語はそのトータルな支配の重要な装置であるといえます。

現在、このトータルな支配はグローバル経済の下、世界中の国々の都市の郊外に大型ショッピングモールの出現という形で現れています。そこはまさに人々に消費を煽る物質主義と商業主義の「総本山」といえます。そして、この大型ショッピングモールの出現により、各地域に古くからある地元の商店街は大きな打撃を受けています。つまり、このグローバルな侵略者は、各地域のローカルな文化と共同体を破壊しているのです。そして、それに英語支配も一役買っているわけです。

英語化を推進する「英語中心主義」

このような地球的規模の英語支配の現実に対して、わが国の政府はこれを制御するのではなく、この支配をさらに推進し、増長させる政策を実施しています。

まず、二〇〇〇年に、英語第二公用語論というものを出しました。英語を日本の公用語にしようとするものです。第二に、小学校への英語教育の導入です。これは二〇〇二年から小学校で始められ、二〇一一年から「外国語活動」という必修科目になりました。

そして、二〇〇三年と二〇〇四年に「英語が使える日本人」の育成のための戦略構想と行動計画という政策を出しました。これには、高校を卒業したら英語で日常会話が出来る、大学を卒業したら英語で仕事が出来る、といった目標を掲げています。ほとんど「夢物語」のような計画です。またTOEFLやTOEICといった英語資格試験が強調されていて、数値目標まで指定されています。これでは英語教育がテストのための科目になってしまいます。

このように文科省、すなわち日本政府は英語ばかりを強調する教育政策を出し続けています。つまり、私が名づけるところの「**英語中心主義**」政策であり、それが結果的には日本をますます「英語化」させているといえます。

特にこの「英語が使える日本人」の育成という政策は、先ほども言いましたが「高校を卒業したら英語で日常会話が出来る」とか「大学を卒業したら英語で仕事が出来る」というような非現実的な目標を設定しています。これは、英語が出来る労働力が欲しい日本の経済界の意向に沿っただけの企業と国家の癒着が生み出した政策であり、まともな言語教育政策とはいえません。

「教育の英語化」は日本語を亡ぼす

この「英語中心主義」に対しては言語学者、英語教育の専門家も反対論が目立っています。二〇〇八年秋には文科省の「英語が使える日本人」の育成のための戦略構想と行動計画に反対する大規模なシンポジウムが開催され、全国から約六〇〇名の英語教育関係者が集まりました。そして、その様子は、朝日新聞などの全国紙で報道されました。

このシンポジウムは、慶應義塾大学教授（当時）の大津由紀雄氏が代表となり、私も発起人の一人として活動しました。シンポジウムの後、私たちは署名を集めて、内閣府の教育再生懇談会を訪れ、この「英語が使える日本人」政策を見直す要望書を渡しました。私たちの主張は、数値目標を強調する英語教育は教育そのものを歪めてしまうというものでした。ことばの教育は人間形成に役立つものでなければなりません（注8）。

しかしながら、文科省も内閣府もこのような意見に少しも耳を傾ける姿勢を示していません。それどころか、文科省は、つい最近「英語教育改革総合プラン」なるものを発表して、「英語が使える日本人」の育成政策に沿って、さらに英語教育を改革強化する方針を打ち出しました。文科省の「英語中心主義」はますます強まっています。

これに加えて最近文科省は「留学生三〇万人計画」も打ち出しています。現在の留学生の数は一二万人ほどですが、二〇二〇年までにこれを三〇万人にするというなんとも無茶な話です。これが実現すると、日本はドイツやフランスよりも留学生が多く、アメリカ、イギリスに次いで第三位になります。日本の大学生の総数は約二七〇万人ですから、一〇人に一人は留学生ということになります。

この計画の理念は、外国人の力で日本の国際競争力を強化しようというものです。つまり全世界から優秀な人材を集めて日本の国際競争力を強化しようという国家戦略です。しかも、日本語がわからない留学生たちのために英語のみで卒業出来るプログラムを各大学で作るよう文科省から指示が出ています。そして、英語による講義を倍増するようにという指示も出ています。まさに日本の**大学教育**の「**英語化**」が着々と準備されているといえます。文科省は教育の媒介言語が外国語になるということの影響を認識していないようです。教育の英語化による日本語、日本社会への影響は測り知れないものです。歴史を振り返ればわかるように、外国語を教育言語にすることにより、その国の言語が衰退するのです。英語を主な教育言語にすれば、日本語はたちまちのうちに衰退します。教育の英語化は、日本をますます「英語化する日本」に陥らせ、日本語の地位は低下し、そして日本語は衰退していくでしょう。その危険性に、文科省は気づいていないようです。

二重言語化する日本 ―英語が上位、日本語が下位

さてここまでお話ししましたように、英語支配は実在し、それは地球的な言語エコロジーを脅かすばかりでなく、各地域の伝統、文化、歴史にも影響を与えていることがわかりました。日本も例外で

はなく、それに対して政府は有効な言語政策を実施するのではなく、逆に英語の有用性や経済価値にのみ目をつけて、社会の英語化を進めており、「英語中心主義」に走っていることも明らかになりました。

このことからいえることは、今、日本社会には英語があふれ、急速に英語化しているということです。つまりすでに何度もいっている「英語化する日本」が出現しているということです。しかも、日本語と英語の間には明らかな格差があり、日本社会はある種の「**二重言語使用**」、つまり社会言語学でいうところの「ダイグロシア」が形成されていると私は推察しています。

たとえば、プレジデント社が二〇〇八年に実施した「英語力と年収」に関する調査によりますと、「英語が出来る人の年収は、同年代の平均的な年収よりも約二〇九万円高い」ということです（注9）。英語が出来る階層が日本語のみの一言語話者、つまり日本語モノリンガルという階層の上に位置づけられていることがわかります。いいかえれば、**英語が上位言語で、日本語が下位言語**という位置づけがなされ、まさに「英語格差」といえるような状況が広がっています。

本来ならばこのような日本語と英語の不平等を是正する何らかの言語政策があってしかるべきなのですが、それが日本にはなくて、逆に不平等を拡大するような「英語中心」の教育政策が実施されているのが現状です。

フランスでは、英語の侵入に対してはっきりとした言語政策を打ち出しています。それが「英語使用制限法」ともいわれる「トゥーボン法」（フランス語の使用に関する法律）です。このトゥーボン法のような政策が日本にも必要です。フランスではさらに憲法修正までして「フランス共和国の国語はフランス語である」と決めています。このように、憲法や法律でフランス語の地位をきちんと確立しているのです。日本でも日本語の国語、共通語としての地位をしっかりと保証する言語法や政策が必要だと思います。それをあいまいなままにしておくと、英語の優勢と上位言語化、社会の英語化はますます加速し、日本語の地位は相対的に低下していく可能性が出てきます。

無視される日本語と方言

さらに、日本語には、各地域の文化を象徴し、継承する「方言」が豊富にあります。しかし、その実際の話者数となると減少の一途をたどっています。「方言」は日本語の重要な一部であることは間違いありませんが、この地位は非常に低く位置づけられているのではないでしょうか。英語はもちろんのこと、英語以外の外国語よりもひょっとしたら低い位置づけかもしれません。

たとえば、共通日本語でさえ、英語やドイツ語やフランス語といった「西洋語」よりも低く位置づけられていると思います。「西洋語」は「西洋近代の象徴」として「進歩した言語」という権威を与えられているわけですから。これらの「西洋語」は今でも大学の外国語教育で教えられ、日本語を、そして方言を、見下ろす地位にあります。

中国語や朝鮮語といった「非西洋語」はどうでしょうか。日本ではこれらの言語が出来る日本人はプラスの評価が与えられますが、方言が出来るということ必ずしもプラスの評価にはつながりません。やはり方言は低く位置づけられているといえます。

さて、このように考えてくると、一つの重要な事実に気がつきます。それは何かと言うと、日本人自体が日本語をあまり大事にしていない、意識していない、高い位置づけを与えていないということです。それを如実に示すのが**大学の言語教育の実態**です。全国のほとんど全ての大学で英語は必修科目として課せられていますが、日本語は選択科目にさえなっていません。まったく無視されているのです。大学のカリキュラムは英語をはじめとした外国語教育ばかりに熱中し、日本人のための日本語教育を忘れています。このことこそが日本における言語問題の最大の問題だと私は考えます。政府も、そして国民も、国際化とか国際競争力といった経済優先のプロパガンダに踊らされて、外国語ばかりに気を取られ、日本語をすっかり忘れています。日本語を護り、使い、教え、育てて豊かにすることを忘れています。

私たちに何が出来るのか？

それでは私たち国民は一体何が出来るでしょうか？

私は、まずはこの「英語化」という問題に対して**問題意識を持つこと**が大事だと思います。今、街には英語があふれています。それを当たり前と思わず、日本の言語状況を厳しく監視する必要があります。過剰な「英語化」に対して異議申し立てする必要があります。同時に、日常の自分自身のことばを自分で点検することも一つの方法だと思います。必要ないのに英語を使っているかどうか、日本語を大事にしているかを一人一人が自己点検するということです。

そういう意味で、外国人とのコミュニケーションも**日本にいるときは日本語を使う**ことが大事です。外国人を見ると英語を使いたがる日本人が多いのですが、それは日本語をないがしろにすることです。日本にいるときは、外国人には堂々と日本語で話をすべきです。これは言語政策研究では「**地域性の原理**」と呼ばれています。つまり、その土地の言語を使うというルールです。「郷に入りては、郷に従え」ということです。

さて、はたして日本人は日本語を大事にしているでしょうか？　「英語化する日本」を見ているとそうは思えません。みんな気持ちが英語の方に傾いています。日本語を軽視しています。**日本人が日本語を大事にし、もっと力強く豊かなことばにしなければなりません**。今、日本語には色々な問題があります。日本語と英語は不平等な関係にあり、英語が上位に、そして日本語が下位に位置づけられています。そして日本各地の方言も衰退の一途をたどっています。こういう問題に一人ひとりがきちんとした問題意識を持つことがまずは必要ではないかと思います。そしてその問題意識を都道府県や日本政府に伝えることが大事です。

日本語を護れ！

グローバル化の影響で、日本の言語環境は急速に多言語化しています。東京の山手線に乗ると、中国語や韓国語が飛び交っているのが聞こえます。英語以外の外国語も急速に増えているのです。英語以外の外国語も日本に侵入しています。

このような状況において、日本人自身が日本語への意識をしっかりと持って、その地位を確立して不動のものにしておかないといけません。今、多くの日本人にとって、日本語は水と空気と同じように当たり前にありますが、言語の世界にも激しい競争や闘争があります。ある日、気がついたら日本語が消滅寸前の言語になっていたなどということにならないように、私たちが今からしっかりとした問題意識を持たなければならないと思います。

日本人は、日本語を使い、日本語を護り、そして日本語を豊かにする責任があるのです。

注

1　ルイ＝ジャン・カルヴェ（西山教行訳）（二〇〇〇）「言語生態学の重層的〈中心・周辺〉モデル」（三浦信孝、糟谷啓介編『言語帝国主義とは何か』藤原書店、二一七～二三八頁）

2　Krauss, M.E.（1992）'The World's Languages in Crisis' *Language* 68(1), pp. 4-10.

R．M．W．ディクソン（大角翠訳）（二〇〇一）『言語の興亡』岩波書店

3　坂本充（二〇〇二）「わかりにくいのに使われる外来語」（『放送研究と調査』日本放送出版協会、八月号、八八～一〇五頁）

4　これは記憶によるものですが、たとえば、ＴＯＴＯが売り上げが伸びたときいたことがあります。

5　正高信男（二〇〇三）『ケータイを持ったサル』中央公論新社

6　柳田邦男（二〇〇五）『壊れる日本人』新潮社

7　ジョージ・リッツア（二〇〇三）「マクドナルド化の日本にとっての意味」（ジョージ・リッツア、丸山哲央編著『マクドナルド化と日本』ミネルヴァ書房、九七～一三〇頁）

8　シンポジウムの記録は大津由紀雄編著（二〇〇九）『危機に立つ日本の英語教育』（慶應義塾大学出版会）として出版され、同書所収の資料5「英語教育のあり方に関する要望書」が教育再生懇談会に提出されました。

9　「英語が喋れると、年収が高くなるのか」（二〇〇八）『プレジデントファミリー』プレジデント社、五月号、三六～四五頁

筑波大学「グローバル・コミュニケーション論」講義ＤＶＤ（自主制作）、二〇〇九年九月

【第二章】英語支配と日本語防衛戦略

――言語と文化の安全保障を築け！

はじめに　―日本語が亡びるかもしれない

私は一九八五年にアメリカ南イリノイ大学で博士論文“Language Inequality and Distortion”を提出し、翌年オランダの出版社より出版して以来、私が言うところの「英語支配論」という議論を展開してきました。これは社会言語学の中の言語政策研究に当たるものです。

私は、英語が世界標準語になることにより、「英語を使う人」と「使わない人」、「英語が出来る人」と「出来ない人」の間に不平等や差別や格差が出来てしまうことは人類の大きな課題であり、より公平なコミュニケーションを確立する必要があると一貫して主張してきました。

最近のわが国では相変わらずの「英語ブーム」で、「英語信仰」「英語中心主義」と呼べるような数々の動きがあります。

たとえば、ユニクロと楽天が発表した「英語社内公用語化」はその一つです。また小学校での英語教育も二〇一一年から正式科目としてスタートしてしまいました。「英語社内公用語化」については、私は非常に危機感を持ちまして、やむにやまれぬ気持ちで楽天とユニクロの社長に再考を促す手紙を出しました（注1）。

これらの例からもわかるように、英語を重視することがもはや単なるブームや風潮ではなくなっています。今や、日本人の意識と日常生活を支配するまでになっています。

このような現実を前にして、日本語の衰退を憂慮するのは、私一人ではありません。二〇〇八年、作家の水村美苗氏は『日本語が亡びるとき』という本を出版されました（注2）。水村氏は、二一世紀には英語支配がますます強まり、日本のエリートたちは日本語を読むこと、日本語で書くことをしなくなり、英語の使い手になるだろう、そして、それは日本文学を継承する優秀な日本人が途絶えることを意味するといっています。そして、日本文学は衰退し、日本語は「読まれるべき言語」でなくなるのではないかと警告しています。

さらに、ある言語学者の推測によると、現在の世界の言語状況を踏まえると、今から五〇〇年後には世界にはたった一つの言語しか残らないということです（注3）。おそらくその言語は英語でしょう。小学校での英語教育の影響もあなどれません。世代を経るとともに、英語が出来る日本人は今よりも増えていくでしょう。そうすると、一体彼らのうちのどれくらいが、英語と日本語の二つの言語を使い続けるでしょうか？　そして次の世代に日本語を伝えようとするでしょうか。

多くの人たちは、世界標準に合わせて、英語を優先し、日本語は捨てるかもしれません。かつて日本語の標準語が広まったときに、多くの日本人は自分の方言を捨てたり、あるいは捨てさせられたりしました。それと同じことがこれからは日本語に起きる可能性があります。世界標準語である英語を前にして、日本語は方言の地位に転げ落ちるのです。

このような厳しい現実があるにもかかわらず、日本人の「国を護る」「ことばを護る」防衛意識はほとんどないといってもいいくらいです。電通総研の二五ヶ国調査によると、「もし戦争が起こったら、国のために戦うか？」という質問に「はい」と答えた日本人はたったの一五・一％です。日本は二五ヶ国中二四位で、二五番目はデータなしなので、実質最下位というありさまです（注4）。日本と日本語を取り巻くこのような厳しい現実を踏まえて、私は二〇一一年に『日本語防衛論』を出版しました（注5）。

本日はこの『日本語防衛論』の観点から「日本語を護ることの大切さ」、つまり「日本語と日本文化の安全保障」について話をしたいと思います。

一　人類が直面する二つの言語問題

まず、現在人類が直面している言語に関わる二つの大きな問題について話します。一つは「英語支配」で、もう一つは「世界の言語多様性の衰退」という問題です。この二つは無関係ではなく、深く関係しています。

「英語支配」は世界中に広がっていますが、今日は「日本の英語支配」について重点的にお話しします。「日本の英語支配」の五つの主要な問題についてまず話をしたいと思います。

（一）日本の英語支配

問題その1　英語信仰と英語の氾濫

まず第一番目は「英語信仰と英語の氾濫」という問題です。

「英語信仰」とは文字通り英語を崇拝したり、高く評価する態度のことを言います。「英語が話せるのはカッコイイ」とか「英語が出来なければならない」「英語が出来て当たり前」というような考えは日本人の間に広く浸透しています。こういう意識のことを「英語信仰」と私は呼んでいます。

この「英語信仰」が影響して、今、日本はどこにいっても英語だらけで、英語が氾濫しています。特に今流行のショッピングモールは英語が充満しているといってよいほどです。店の名前はほとんどが英語です。ショッピングモールはまさに「英語支配空間」になっているといえます。あの中では、日本語を探すのに苦労します。

外来語の氾濫は実際に統計結果が出ています。週刊誌などの雑誌に使われている外来語の比率を比較した調査によりますと、一九五六年と比べてその約四〇年後の一九九四年には外来語が三・五倍増えているそうです（注6）。そして、同時に日本語の使用率が低くなっています。

おそらく現在もこの傾向は続いていると思います。

外来語の氾濫には少なくとも三つの弊害があります。

まず第一に日本語があまり使われなくなるということです。つまり「在来日本語」が減少するわけです。たとえば、最近は「やる気」というかわりに「モチベーション」という人が増えています。また、政府は国民との討論集会を「タウンズ・ミーティング」といっていますが、なんか変ですね。「討論集会」という立派な日本語があるのに。

このように外来語の使用によって、日本語がどんどん英語に置き換わっています。結局、日本語自体が減少しているのが現状です。長期的にはこれは日本語の衰退につながります。

第二の弊害は、意味がわかりにくいということです。二〇〇二年のＮＨＫの調査によりますと、約八〇％の人が「外来語の意味がわからなくて困った経験がある」と答えています（注7）。外来語は急激に増えていますので、日常生活で戸惑っている人が多いというのが現状です。

第三の弊害は、日本語の威信の低下ということです。これだけ外来語が増えてしまうということは日本人は英語を高く見て、日本語を低く見ているということがいえます。日本語に価値を感じていない人が多いのではないでしょうか。このような日本語を低く見る見方は日本語の威信を傷つけると思います。外来語の氾濫は日本人の日本語への愛着の欠乏から来ているのではないでしょうか。

英語をはじめとする外国語を濫用することは、まず、日本の言語環境を英語化してしまいます。さらにそれだけでなく、日本語を使う機会を少なくすることになり、それは日本語の地位と威信を下げることになります。

フランスでは一九九四年にすでに「トゥーボン法」（フランス語の使用に関する法律）という法律

を制定して、日常生活のあらゆる領域において出来るだけフランス語を使うことを奨励しています。そのような法律を制定しなければならないほど、フランスには英語が侵入しているのです。

日本では外来語が氾濫しているにもかかわらず、政府はなんの対策も取っていません。日本語中心の言語環境を維持するために、一日も早く「外来語使用制限法」といった法律を制定する時期に来ていると私は思います。

問題その2　英語社内公用語化

冒頭にも触れましたが、二〇一一年六月、ユニクロ、楽天が相次いで「英語社内公用語化」を発表しました。私はすぐに両社の社長に手紙を書いて、再考を促しましたが、返事はいただいていません。

「英語社内公用語化」には三つの大きな懸念があります。

まず第一に、「日本語・日本文化の軽視」につながるかもしれないという懸念です。英語社内公用語化が広がると、おのずと「英語重視」の意識が広がります。すでに述べましたが、日本人はかなり強い「英語信仰」を抱いており、それがますます強くなっていきます。そしてその分だけ、日本語に向ける気持ちも時間も少なくなります。また日本語を使う機会も少なくなるでしょう。英語社内公用語化を実施する会社が増えると、仕事の場で、日本語が使われなくなってしまいます。

言語が存続していくための第一条件は何でしょうか？　それは「使われる」ことです。言語を使う人がいて、使われることによって、言語は生き延びていきます。ゆえに、使われることが少なくなるということはその言語は消滅への道をたどっているということになります。

第二の懸念は、「英語が出来る人」と「出来ない人」の間に格差を生み出すということです。これについては、次の「英語能力と収入の格差」で詳しく話します。

英語社内公用語化の第三の懸念は、「日本語を使う言語権が侵害される」のではないかという点です。誰びとも自分の母語を使う権利があります。これは基本的人権です。日本人が日本にいるときには日本語を使う権利があります。

しかし、英語社内公用語化が実施されると、日本人が日本語を使うことが禁止されるので、この言語権が剝奪されてしまいます。これは重大な人権侵害になるといえます。楽天の三木谷社長は「英語が出来ない社員は首だ！」と豪語していますが、彼は日本人の基本的人権を侵害していることに気づいていないようです。

そもそも公用語とは何でしょうか？　それは社員や国民が学び、使う言語ではありません。公用語とは政府が使用を約束する言語であります。たとえば多民族国家では、国語の他に少数民族のために少数民族語を公用語に制定して、公文書を作ったり、公的コミュニケーションを行なって、少数民族に便宜を図っています。

これに準じて考えると、英語を社内公用語にするということは、社内に一定以上の英語話者がいるということが前提になります。その社員たちのために会社が英語を使い、便宜を図る。これが社内公用語です。

ですから、日本人にはまったく無関係なことなのです。会社が日本人社員に無理やり英語を使わせたり、日本語を禁止したりすることは基本的人権の侵害になります。労働契約法の違反になる可能性もあります。日本人社員の不利益になるような無理な英語社内公用語化はトラブルの種になるだけです（注8）。

問題その3　英語能力と収入の格差

英語支配の第三の問題は先ほど触れました「英語が出来る人」と「出来ない人」の間に格差が生ずるという問題です。これを私は「英語格差」と呼んでいます。

現在日本では英語力の優劣により、収入にはっきりとした格差が出ています。プレジデント社の調査によりますと、英語が出来る人の平均年収は七〇四万円で、これは三〇代、四〇代のビジネスマンの年収の全国平均の四九五万円をはるかに上回っています。「英語が出来る人」というのを、この調査ではＴＯＥＩＣという英語の試験で七六〇点以上獲得した人と定義しています（注9）。

今のところ昇進や昇給に際して、英語力を考慮する会社は約四分の一と少数ですが、今後は増える可能性があります。

このように英語力により収入に差が出てくるということになると、「英語重視」の意識が大きくなって、日本人の「英語信仰」がますます広がっていくことになります。「英語が大事」という意識が根強くなっていきます。

しかし、はたしてこれは日本にとって良いことでしょうか？

日本の中では、英語は日本語よりも重要で上等な「上位言語」であるという「英語信仰」がすでに今でもあります。そうすると相対的に日本語は英語より地位が低い「下位言語」に転げ落ちてしまいます。

英語の重要性が叫ばれれば叫ばれるほど、英語は「上位言語」として君臨し、日本語は「下位」に位置づけられるのです。日本語と英語にはっきりとした上下関係が出来てしまいます。これは日本語にとっては大変まずい状況です。

「英語格差」は、個人の収入に影響を与えて格差を生み出しますが、それだけにとどまらず、英語と日本語の間にも格差を生み出して、日本をインドやシンガポールのような元植民地の英語中心の社会に変えていく危険性さえあるといえます。

問題その４　小学校の英語教育

ご存知のように、二〇一一年度から「外国語活動」という科目として、小学校で英語教育が行なわれています。英語になじむ、親しむという目的で挨拶や簡単な英会話が教えられているということです。今は小学校五年生から教えていますが、そのうち三年生からとなり、そして一年生からとなるのでしょう。親御さんの中には幼稚園や保育園から英会話を習わせている方も少なくないと思います。

このように英語教育がどんどんと早期化、低年齢化していることは日本語の未来にとって重大な問題です。これでは、子どもたちは大人以上に強い「英語信仰」を抱いてしまいます。「三つ子の魂百まで」といいますから、幼いときに植え付けられた「英語信仰」は一生続きます。

その結果、英語を優先し、大事に思う日本人が大量生産されるのではないでしょうか。それとは逆に、日本語を二の次に思う日本人が増えると思います。

このように、英語教育の早期化は、必然的に「英語信仰」の早期化につながっていきます。これにより日本の英語支配はますます強まっていき、英語と日本語の上下関係も強まっていきます。

さらに、日本語がまだ不完全な子どもたちに英語を教えてしまうと言語的混乱を引き起こすことになります。

英語で「セミリンガル」ということばがあります。これは「一つの言語も満足に出来ない人」という意味です。

幼い頃から、日本語以外の外国語を学び、使うことになると、本人の能力はもちろんのこと、家庭や学校が十分な環境づくりをしておかないと、子どもは言語的に「どっちつかず」の状態に追いやられることになります。『英語を子どもに教えるな』という本を出版した市川力氏は、長年アメリカの日本人学校で教えた経験から、アメリカにやってきた日本人の子どもたちが、日本語と英語の間で「どっちつかず」のセミリンガルになっている例をたくさん挙げています。そして、母語である日本語をまずしっかりと身につけることの重要性を指摘しています（注10）。

さらに、英語教育というと「英会話」が出来ることと考えがちで、親たちは自分が苦手な分、せめて子どもたちには「英会話くらい」という気持ちから、英会話学校に通わせているようですが、「英会話が出来る」ということは必ずしも「勉強が出来る」ということにはならないのです。「英会話が出来る」能力というのは決まり文句を暗記することが多く、反射神経を身につけるようなものです。それにくらべて「勉強が出来る」ためには、知的、論理構成力、抽象思考能力が求められます。ですから、決まり文句を繰り返すような英会話教育は、人間を本当の意味で知的には育てていないことになります。

さらに、高等学校の英語教育も平成二五年度から様変わりします。英語を使って英語を教えるようにという文部科学省の命令が出されています。要するに英語の時間は「日本語を使うな」ということです。英語を使う機会を増やそうという狙いです。

これも、小学校の英語教育と同じように、日本語の未来に大きな影響を与えかねない変革です。

歴史を振り返ると、欧米諸国が世界中に侵略して、支配しようとしたときに、その方法として自分たちの言語を押し付けたのですが、その中心の場となったのが学校なのです。欧米人たちは自分たちの言語を学校で使わせることにより、子どもたちに学ばせ、子どもたちを現地語から引き離したのです。その結果、欧米語が広がり、現地語が衰退したのです。

これと同じことが、今、日本で行なわれようとしています。日本の子どもたちに英語が押し付けられて、教室で日本語が禁止され、子どもたちは日本語から引き離されています。

これで、はたして子どもたちは日本語のまともな使い手になれるでしょうか？

日本語に誇りを持てるでしょうか？

「英語！　英語！」と大人たちがはやし立てているこの国で、はたして子どもたちは日本語を愛し、日本語をいつくしみ、誇りをもち、護ろうとするでしょうか？

「日本人なら、きちんとした日本語を使いなさい」と子どもにいうのが親の義務です。また、学校教育も同じです。

問題その5　第二の英語の侵略

アメリカ人やイギリス人といった英語国の人々の話す英語を「第一の英語」とすると、それ以外の英語を母語としない人々が使う英語を「第二の英語」と呼ぶことが出来ます。たとえば、シンガポール英語やインド英語、ヨーロッパ英語、アフリカ英語などがあります。

この「第二の英語」を話す人の人口は、今は「第一の英語」をはるかに上回っています。一〇億人以上はいるといわれています。インドだけでも英語を話す人は一億人はいます。それはイギリスの人口を上回っています。

「第二の英語」はさまざまな人種や民族間の共通語として機能しています。たとえば、ヒンズー語がわからなくても、「第二の英語」が共通語として使われれば、インド人とのコミュニケーションが成り立ちます。アフリカ英語や、ヨーロッパ英語も共通語として機能しています。

しかし、問題もあります。

まず、「第二の英語」話者は日本語を無視するという問題です。「第二の英語」を使う外国人は日本に来ても日本語を使わずに、英語を使う傾向があります。これはアメリカ人やイギリス人が世界中のどこに行っても英語を使い続けるのに似ています。「第二の英語」を使う人々はいわば「英語エリート」が多く、英語力でのし上がってきた人たちです。ですから、日本に来ても英語を使い、日本語を学ばず、使わない人が多いのです。彼らは英語が出来ることで、自分たちはアメリカ人やイギリス人に近いと思っており、日本人を無意識的に見下していますので、日本語を話そうとはしません。

しかも、「第二の英語」を使う人たちは、日常生活で英語を使っていますので、日本人よりもはるかに高い英語力を持っています。ほとんどの日本人はヨーロッパ人やアフリカ人やシンガポール人の英語に太刀打ち出来ません。なぜなら、彼らの英語力はアメリカ人やイギリス人とほぼ同じくらいの

図1：英語支配のタテの構造

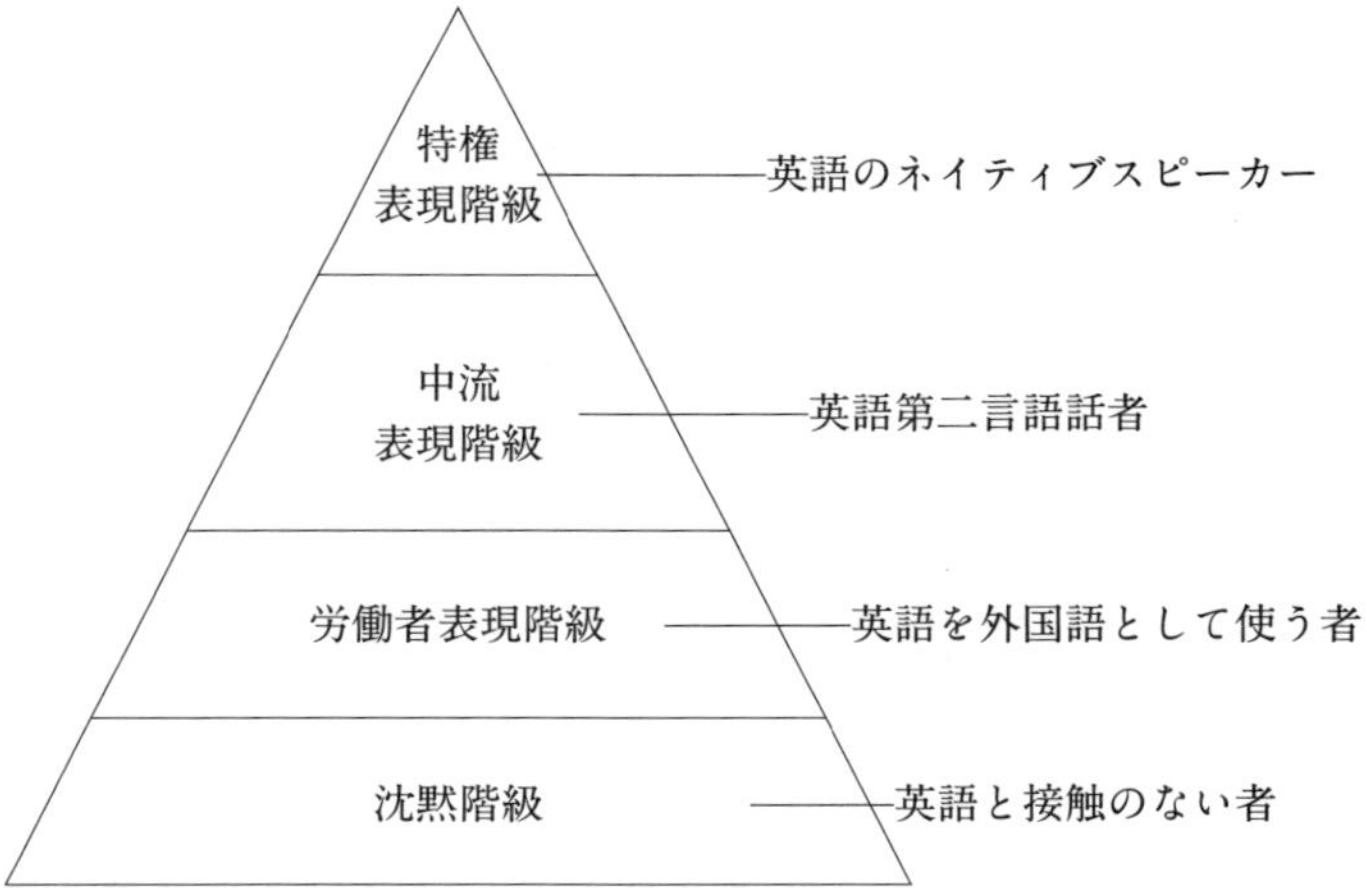

高さがあるからです。ですから、もし彼らと英語でコミュニケーションしたら、彼らに主導権を握られてしまい、平等なコミュニケーションはきわめて難しくなります。

さらに、彼らの「第二の英語」はとてもわかりにくいのです。なぜなら、彼らの英語は非常に強い「なまり」があるからです。発音が彼らの母語の影響を受けて、独特な響きとなるからです。これを理解するのは大変な努力を要します。

しかし、彼らはそんなことを意に介さず「第二の英語」をまくし立てます。そしてその英語力によって日本人に対して優位を保とうとします。彼らは彼らの英語力によって、日本人に対して支配的な地位を保持することが出来るのです。

ここに私が考案した「英語支配のタテの構造」という図を示しておきましたが、この不平等な構造が「第二の英語」により強化されていきます。アメリカ人やイギリス人はこの構造の頂点にいます。その次に「第二の英語」を使う人々がいて、その下にいる私たち日本人を見下ろしています（注11）。私たちは、「第一の英語」を話すアメリカ人やイギリス人ばかりでなく、「第二の英語」を使う世界中の人々と渡り合わなければならなくなっています。しかし、安易に英語を使うと、いわば彼らの土俵に入ってしまうことになり、主導権を奪われ、不平等なコミュニケーションを強いられてしまいます。「第一の英語」と「第二の英語」をまともに受けてはひとたまりもありません。

これを跳ね返すのは日本語以外にはないのです。

国際化の時代だから英語を使うというのは間違いです。安易に「英語の土俵」に入ると、言いたいことも言えなくなり、不利益を被ることさえあります。

国際化の時代だからこそ、日本語を使うべきです。私たち日本人はどんなときでもたやすく日本語を手放してはいけないのです。

国際化の時代だからこそ、外国人に日本語を使わせるべきです。私たちが主導権を握るためです。

(二) 世界の言語多様性の衰退

さて、英語支配の話はこのくらいにして、もう一つの世界的な言語問題について少し触れたいと思います。それは「世界の言語多様性の衰退」という問題です。

世界の言語は今急速に消滅しています。一説によると、二週間に一つの言語が消滅しているそうです。そして、ある言語学者は今世紀の末までに、世界の言語の九五%は消滅するだろうと警告しています(注12)。

現在消滅している言語のほとんどは先住民言語です。これらの消滅に瀕する言語は「危機言語」と呼ばれています。ユネスコはどの言語が危機言語になっているかを示す「レッドブック」を作って、その保護と保存に乗り出しています。

ただ、「世界の言語多様性の衰退」を防ぐ有効な方法はないようです。それどころか、先住民言語にとどまらず、究極的にはそれぞれの国の「国語」も消滅の危機にさらされる危険性があります。日本語も未来永劫安泰であるとは言えません。

このことにいち早く気づいた国では「言語法」を制定して、国語の保護に乗り出しています。先ほど触れたフランスの「トゥーボン法」(フランス語の使用に関する法律)はその一例です。

一〇〇年後、二〇〇年後、一〇〇〇年後にも日本語は生き残るでしょうか?

世界の言語が消滅する原因はすでに話した英語支配とグローバル化の影響です。

「グローバル化」は「国境をなくすプロセス」とよくいわれるように、「国家」という枠組みを弱める現象といえます。それは自由貿易の便利さを生み出しますが、同時に「国家」に関するすべてのものが「壁」であるとか「時代遅れのもの」といったマイナスのレッテルを付けられてしまいます。

いいかえれば、国際化やグローバル化を進めれば進めるほど「国家」という枠組みは弱くなっていきます。この点について次に話します。

二　自虐的国際化と防衛意識の欠如

国際化とグローバル化はいいかえれば、各国を弱体化する動きといえます。日本にとって国際化は「日本弱体化政策」といえます。これに対しては、対抗すべきなのにもかかわらず、日本人は自己を否定して、グローバル化に合わせるだけの「自虐的国際化」を続けています。

たとえば、今、看護師不足のため外国人を呼んで、日本の国家試験を受けて、看護師になってもらおうという動きがあります。しかし、試験に使われる日本語がむずかしいといって、それを「日本語の壁」とマスメディアでは報道しています。

「国際化の時代に日本語が壁になっている」というのです。これはおかしいです。なぜならそれは、国際化を大事にして、日本語を「邪魔なもの」にするというまさに「自虐的な」考えだからです。私はこれを「自虐的国際化」と呼んでいます。

しかし、このすべて日本が悪いんだとする「自虐的国際化」が日本では蔓延しています。そのうち、「国際化の時代だから、国家試験はすべて英語にすべきだ」などという愚かな意見が必ず出てきます。

ちなみに、最近東京大学は大学の秋入学を二〇一五年に始めるという発表をしました。国際化、グローバル化がその理由です。これも「自虐的国際化」の典型的な例です。まるで金魚の糞のように世界の流れにただ合わせようというこの決定には日本を代表する大学としての誇りも気高さも感じられません。桜の花が咲くころに、清らかな気持ちになって、入学、入社するという日本の情感あふれる伝統を守るべきです。

さらに、私が住んでいるつくば市は最近政府の新成長戦略である「国際化総合特区」に指定されました。しかし、その国際化の中味たるや外国人を「おもてなし」することばかりの「自虐的国際化」をひた走っているありさまです。つくば市役所では、毎朝の朝礼で、英語、中国語、朝鮮語、タイ語で「おはようございます」「ご用件は何ですか」「こちらへどうぞ」といったことばを職員全員で一斉に繰り返しているそうです。これにより、職員の国際化を図るそうです。日本語を使わないことが国際化であると大きな勘違いしています。しかも、「国際都市の街づくり」と銘打って、「外国人に満足してもらうための街づくり」を推進するそうです。

いったいいつからつくば市は外国人のための街になったのでしょうか?

日本のよさを否定して、外国人に合わせること、もてなすことしか考えない国際化はあまりにも自虐的です。こんなお人よしの国際化をしていては、日本は外国人に乗っ取られてしまいます。

さらに日本外交に目を向けますと、尖閣諸島事件では、政府や外務省は無為無策で、防衛意識の欠如を露呈しています。

このように、日本の指導者たちは押しなべて弱腰で、「自虐的国際化」を蔓延させ、アメリカにひれ伏し、中国やロシアにもひれ伏し、英語にひれ伏すという体たらくです。そしてきちんとした言語政策も言語戦略も確立していません。こんなことでは日本の主体性、独自性、伝統と歴史と自然は守れるはずがありません。これでは日本語の未来は「風前の灯」といわざるを得ません。

今こそ、日本は日本を守り、日本語と日本文化を守るために、言語と文化の安全保障を確立しなければならないのです。

三　人間の安全保障と言語と文化の安全保障

さて、今まで人類が直面する二つの言語問題について話してきましたが、今日の演題は「英語支配と日本語防衛戦略―言語と文化の安全保障を築け！」とありますように、では私たちは一体どうしたらよいのかということをこれから話したいと思います。

まず「言語と文化の安全保障」というのはあまり耳慣れないことばですが、もともとは「人間の安全保障」という概念をヒントにしています。

安全保障というとすぐに思い浮かべるのが日米安全保障条約といった具合に、軍事的なことでありますす。しかし、この「人間の安全保障」という理念は、軍事的なものでなく、経済、社会、文化という人間の生存に関わるほぼすべてにわたっています。

「人間の安全保障論」は一九九四年に発行された国連開発計画発行の「人間開発報告」にその源があります。この報告書によれば、人間の生存には、七つの領域の安全保障が必要で、それらは「経済」「食料」「健康」「環境」「個人」「地域社会」「政治」で、それらを総称して「人間の安全保障」と呼んでいます（注13）。

ここに国連の理念の大きな転換があると私は思います。それまでの国連は基本的には「開発主義」で、経済成長による豊かさの追求を進めてきました。

一方、人間の安全保障論の登場は、国連の目標を「豊かさの追求」から「安全、安心の構築」へと転換するものといえます。当時の国連事務総長のアナン氏も、「開発」の目標は「貧困からの自由」であるが、「人間の安全保障」の目的は「恐怖からの自由」であるといったそうですが、まさにそのとおりです。

人間の幸福、そして世界の平和というのは豊かさのみでは実現しません。「安全と安心」つまりさまざまな恐怖からの自由があってこそ人は幸福を感じ、世界に平和が訪れるのです。

一九九八年当時の総理大臣の小渕恵三氏は、「人間の安全保障」を日本外交の中核に位置づけました。そして、国連に人間の安全保障基金を設立し、二〇〇〇年には国連にノーベル経済学賞受賞のアマルティア・セン氏と前国連高等弁務官の緒方貞子氏を委員長とする人間の安全保障委員会を発足させました。

このように「人間の安全保障論」は、これからの世界を形作っていく大きな理念的支柱となりつつあります。

ただ、その具体的な活動を見ると、その関心は、言語と文化にではなく、たとえば、水や食料の確保、軍事独裁政権による恐怖からの解放といった主に発展途上国の開発、経済、政治問題に向けられているようです。

もちろん、発展途上国の「人間の安全保障」問題も重要ですが、「英語支配」と「世界の言語多様性の衰退」という現実を目の当たりにすると、世界中の「言語と文化の安全保障」問題を忘れてはいけないと思います。

なぜなら「言語と文化の安全保障」は誰びとにとってもなくてはならないものだからです。

皆さんは日本語のない世界を想像出来ますか？

もし明日から日本語が使えないとしたらどうしますか？

これほどの恐怖はありません。

これほどの孤独はないでしょう。

人にとって、その母語は命そのものであり、魂であり、人格でもあります。それがもし使えないとしたら、私たちは生きてはいけません。

しかし、私たちの前には今「英語支配」が押し寄せています。楽天やユニクロといった企業は、二〇一二年から英語を「社内公用語」にしています。楽天の社長は「英語の出来ない社員は首だ！」と公言しています。まさに日本人の「言語と文化の安全保障」を脅かす発言です。

私たちは「自分の言語が亡びはしないか」という「恐怖」から自由になる権利があるはずです。それこそが「言語と文化の安全保障」です。自分の母語を自由に使う権利のことです。母語を使う言語権を認めてこそ「言語と文化の安全保障」は成り立つのです。

しかし、今の日本はことあるごとに英語が優先され、日本語がないがしろにされています。英語が主で、日本語が従になっています。政府ばかりでなく、日本の社会全般、国民も「英語中心主義」「英語信仰」に陥っています。

日本政府は国連の「人間の安全保障」を推進しておきながら、肝心の自分の国の「言語と文化の安全保障」を怠っています。一方日本国民はどうでしょうか？　日本語を大切にしよう、護ろう、育てようという機運はあるでしょうか。逆に、各地方の方言は急速にすたれています。日本人が日本語を二の次にしているありさまです。

私たちは今こそ、自らの「言語と文化の安全保障」を確立するために、英語支配の時代に、日本語をいかにして護り、育て、そして後に続く世代に継承していき、未来永劫まで日本語を永続させるかについて、計画と戦略を構築しなければならないと思います。それは私たち日本人が日本人であるために是非とも必要なことなのです。

四　日本語を守る五つの言語防衛戦略

そのような気持ちから、私は『日本語防衛論』を出版しました。

これから五つの「日本語防衛戦略」について話しますが、その前に一つ指摘したいことがあります。それは、私が知る限りでは、日本には明確な言語政策や言語戦略がないという点です。国内においては、日本語をしっかりと護り育て、海外に対しては、日本語を普及させるという積極的かつ総合的な言語政策・戦略が見当たりません。国語が国の命運を左右するものであるという認識が欠如しているのではないかと思います。国語の重要性を認識して、早急に言語政策と言語戦略を樹立すべきです。

言語政策研究には四つの言語計画があるといわれていますが、日本での研究はことばそのものの研究、つまり文字や音声や語彙の整備である「コーパス計画」が主流になっています。しかし、日本語の地位や威信をどう確立するかという「地位計画」や、それを学校でどう教育するかという「教育計画」、国内外で日本語をどう普及させるかという「普及計画」が不足しています。これらを強化していかなければならないと思います。

この点を踏まえて、私が『日本語防衛論』で提案した五つの日本語防衛戦略についてお話しします。

（一）日本では日本語を使おう

まず第一の日本語防衛戦略。それは「**日本では日本語を使おう**」という提案です。何を当たり前のことを言っているのかと思われるかもしれません。日本人同士では当たり前のことですが、これがひとたび外国人が登場すると、日本人のほとんどは日本にいても日本語を話さなくなります。

一つの原因は外国人にあります。なぜなら日本にいる外国人はあまり日本語を使わないからです。平成一九年度の文化庁の調査によりますと、「外国人から、何語で話し掛けられたか」という質問に対し、「主に英語」が四一・五％で、「日本語と英語が半々くらい」が二五・三％で、英語の使用が七〇％近くに達しています。日本語のみで話しかけた外国人はわずか二六・四％です（注14）。

「郷に入りては郷に従え」で、日本に来たら日本語を使うのは当たり前ですが、英語で済まそうという外国人が多いのは問題です。彼らをしつけるためにも私たち日本人が堂々としかも当たり前に日本語を使い、外国人に日本語を使わせせなければなりません。

同時に「外国人に英語を使わなくては」という日本人の英語信仰も災いしています。先ほどの調査によると、外国人に日本語で応答する日本人は五一・八％に過ぎず、半数は外国語で応答していることになります。日本人はあっさりと日本語を捨てているのです。

これを転換するのが「日本では日本語を使おう」という提案です。これを、家庭で、学校で、職場で、マスメディアを通して、教育し宣伝し、日本人の新たな言語習慣にすべきです。日本の国民全体がこの言語意識を持つことが、日本語を護るための大きな基盤になると考えます。「**日本語はグローバル化から日本を守る防波堤である**」という認識を私たちは持つべきです。私たちは「郷に入りては郷に従う」の原理を外国人に護らせるべきです。外国人に対して外国語を話すのは彼らを甘やかすことになります。日本語を使うべきです。外国人をおもてなしする時代はもう終わりました。私たちの「言語と文化の安全保障」のために日本語を使うべきです。

(二) 日本語本位の教育の確立

第二の日本語防衛戦略は、「**日本語本位の教育の確立**」です。現在の日本の教育は外国語中心になっています。特に大学教育がそうです。英語が必修科目ですが、日本語はまったく無視されています。**日本語を必修科目にすべき**です。英語などの外国語は選択科目でよいのです。やりたい者だけが学べばよいのです。しかし、日本語は必修で学ぶべきです。初等、中等教育でも国語の時間をもっと増やすべきです。

小学校の英語教育も即刻中止すべきです。何の成果も上がらないムダだからです。先ほども言いましたが、日本語も英語も中途半端な子どもの大量生産にしかなりません。英会話が出来ることと人間の能力はまったく無関係です。

にもかかわらず、今、学問と教育における「英語支配」の広がりはすさまじいものがあります。一九八九年、フランスの有名な研究所パスツール・インスティテュートの専門誌がフランス語から英語に変わったことに象徴されるように、科学における英語支配が急速に進んでいます。これは高等教育にも影響し、特に日本の大学院教育でも、日本人なのに日本語で教育が受けられない分野が増加しています。

明治時代にはじまった「外国語中心の教育」があいも変わらず続いていて、それが「国際化」の波に便乗して、日本の教育をいまだに支配しています。国際化の時代だからこそ、それに流されないために、「日本語中心の教育」「日本語本位の教育」を確立することこそ必要です。日本語を愛し、日本を愛し、日本人としての強いアイデンティティをもった日本人の育成が急務であるのです。

(三)「日本語保護法」の制定

三つ目の日本語防衛戦略は「**「日本語保護法」の制定**」というものです。さきほども日本には明確な言語政策がないといいましたが、「日本語保護法」という法律案は僭越ながら私が発案したものであり、日本の言語学者も法律学者も政治家も「法律で言語を守る」という発想さえ今までなかったといえると思います。この法律を一日も早く制定すべきです(詳細は本書巻頭の「日本語保護法」草案参照)。

なぜ「日本語保護法」など必要なのか、と疑問に思われる方も多いと思います。すでにお話ししましたように、グローバル化と英語支配の勢いはすさまじく、各国の主体性、独自性を衰退させています。英語が世界標準語になると、各国の国語は方言の地位に貶められてしまいます。日本語の地位の低下は目に見えています。

これを防ぐために、日本語の地位と威信をいち早く法律的に確保しておかなければなりません。ですから、日本語の安全保障の一環として、「日本語保護法」を提案するわけです。

ちなみに、欧州統合が続くヨーロッパ諸国では、各国の国語保護法の制定が相次いでいます。フランスでは「フランス語の使用に関する法律」を、ポーランドとスウェーデンではすでに「国語保護法」「言語法」を制定しています。これは、英語支配の脅威とEU統合により各国の独自性と主体性が薄まっているという危機感があるからです。

防衛意識が欠如している日本にはこの危機感すら微塵もありません。

以上の三つの提案は国内向けの言語防衛戦略といえます。

残りの二つは海外に向けての日本語普及戦略、地位計画といえます。

(四) 日本語を国際語にする

第四の日本語防衛戦略は、「日本語を国際語にする」というものです。まず、こういう発想自体が今の日本の指導者たちにないのが残念です。日本語は国際語になる資格がありますし、国際語にしなければなりません。

まず、日本語の話者人口は一億三千万人と、世界の言語話者人口ランキングでも一〇位以内に入っています（注15）。これだけでも国際語の資格があります。

しかも日本は巨額の国連通常予算分担金を支払っており、その額はアメリカに次いで第二位です（注16）。しかし、日本語は国連の公用語ではありません。分担金で比較すると、イギリスとフランスは日本の約半分、中国とスペインは四分の一、ロシアは一〇位にすら入っていませんが、これらの国の言語はすべて国連の公用語になっています。これほどの差別はありません。日本はいち早く日本語を国連公用語にすることを要求すべきです。

日本は国連開発計画にも毎年数十億の資金を提供して、「人間の安全保障」を推進しています。こういう貢献から見ても、日本語は国連公用語になる資格があるということを日本は訴えるべきだと思います。日本語を国際語にするということは日本語の国際的地位と威信を高めることになり、ひいては日本と日本人の地位と威信を高めることになります。

そこに日本語を国際語にする大きな意義があると考えます。

（五）日本をもっと宣伝せよ

五つ目の日本語防衛戦略は「**日本をもっと宣伝せよ**」というものです。日本を宣伝する「文化外交」「広報外交」をもっと活発にしろという提案です。そのために早急に必要なのは、日本から世界に発信出来る「国際通信社」と「国際テレビメディア」です。ＡＰやロイターなどに匹敵する通信社や、ＢＢＣに匹敵するような国際テレビ放送局の樹立が必要です。ここでも言語が壁になりますが、日本語を中心に多言語でやるしかないと思います。

外務省には「広報外交」の拠点として文化広報部があり、日本語教育の普及と推進、テレビ国際放送の推進、マンガやアニメなどの日本の大衆文化を海外に紹介する事業などを推進、支援しています。しかし、まだまだ不十分です。

現在、日本語を学ぶ外国人は世界で約四〇〇万人とされていますが、中国語を学んでいるのはその一〇倍の約四〇〇〇万人です。英語を学ぶのは数十億人に上るでしょう。「日本語教育」の更なる普及が必要です。

このような「広報外交」をさらに充実させることにより、日本への理解を増やすことは、長期的に日本の国際的信頼と威信を高めることになり、それは政治や経済などにもよい影響を与え、ひいては日本の地位を高め、日本語を護ることにつながると考えます。

おわりに　―日本語は日本を護る防波堤

さて、今日ははじめに「英語支配」と「世界の言語多様性の衰退」について話し、そして、それへの対応として五つの「日本語防衛戦略」について話しました。

今日の私の話の主な特徴は、ことばを「安全保障」の観点からとらえるという点です。「日本語を護る」ということは「日本の言語と文化の安全保障を打ち立てる」ということであります。

この「言語と文化の安全保障」という観点や意識は、今の日本政府も日本国民もほとんど持っていないのが現状です。もちろん、こういう問題意識を持つ言語学者などほぼ皆無です。私はそれがとても心配です。

問題は日本人の防衛意識の欠如です。二五ヶ国中最下位というのは驚くというよりも、情けない限りです。六〇年以上アメリカの支配下にあると平和ボケになりこれほどまでに無防備になるのでしょうか。

今、日本の周りを見渡すと、尖閣諸島は中国が狙い、竹島は韓国が不法占拠し、北方領土はロシアが実効支配を進めています。そして、北朝鮮は数十人あるいはそれ以上の日本人を拉致しました。私たち日本人の聖なる領土も私たちの命も脅かされています。

さらに、アメリカの圧力により日本はあのＴＰＰという経済不平等条約に組み込まれようとしています。日本の農業と医療は大打撃を受けるといわれています。このままでは日本語ばかりでなく、日本人の「食の安全保障」と「健康の安全保障」が脅かされてしまいます。

しかし、それに対して、政府も国民もなんら効果的な対応を行なっていません。それどころか、私たちは脅かされているのだという認識すら欠如しているのです。

このような防衛意識の低さでは、英語支配が荒れ狂う現代において、日本の言語と文化の安全保障も危ういものになるに違いありません。

しかも、日本は「グローバル化」にあおられ無理やりに「国際化」をしています。一〇〇年以上前に、夏目漱石は「日本の開化は外発的な無理やりの開化である。そんなことをしていては日本は滅ぶ」と警告しています。そして、すでに話しましたが、なんでも外国に合わせる「自虐的国際化」もいけません。外国に合わせてばかりの国際化では日本は外国に乗っ取られてしまいます。

日本政府は日本語を未来永劫に継続させ、豊かにしていくための戦略と計画を練り、実行するための専門組織を創設すべきです。国家戦略の基幹部門として、「言語防衛戦略」の専門部局を創設する必要があります。

「祖国とは国語」であり、日本語なくしては、日本はありえません。

日本の「言語と文化の安全保障」は日本を護る要《かなめ》といえます。

日本の安全保障の土台は日本語であり、日本語は日本を護る防波堤です。

日本の領土も、日本語も、日本人が守らなくていったい誰が護るのでしょうか？

注

1　手紙の全文は拙著『英語を社内公用語にしてはいけない３つの理由』（阪急コミュニケーションズ、二〇一一）に掲載。

2　水村美苗（二〇〇八）『日本語が亡びるとき』筑摩書房

3　R．M．W．ディクソン（大角翠訳）（二〇〇一）『言語の興亡』岩波書店

4　電通総研・日本リサーチセンター編（二〇〇八）『世界主要国価値観データブック』同友館

5　津田幸男（二〇一一）『日本語防衛論』小学館

6　国立国語研究所「外来語」委員会編（二〇〇六）「外来語の実態」（『外来語言い換え手引き』ぎょうせい、二二九〜二四九頁）

7　坂本充（二〇〇二）「わかりにくいのに使われる外来語」（『放送研究と調査』日本放送出版協会、八月号、八八〜一〇五頁）

8　詳しい議論は拙著『英語を社内公用語にしてはいけない３つの理由』参照。

9　「英語が喋れると、年収が高くなるのか」（二〇〇八）『プレジデントファミリー』プレジデント社、五月号、三六〜四五頁

10　市川力（二〇〇四）『英語を子どもに教えるな』中央公論新社

11　「英語支配のタテの構造」の概要は第三章にあります。詳細は拙著『日本語防衛論』一八〜二〇頁参照。

12　Krauss, M.E.（1992）'The World's Languages in Crisis' *Language* 68(1), pp. 4-10.

13 高橋哲哉、山影進編（二〇〇八）『人間の安全保障』東京大学出版会
14 文化庁（二〇〇七）「平成19年度『国語に関する世論調査』の結果について」文化庁ホームページ（http://www.bunka.go.jp/kokugo_nihongo/yoronchousa/h19/kekka.html）より。［二〇一二年一二月五日参照］
15 ダニエル・ネトル、スザンヌ・ロメイン（島村宣男訳）（二〇〇一）『消えゆく言語たち』新曜社、四三頁参照。
16 外務省ホームページ（http://www.mofa.go.jp/mofaj/）参照。［二〇一二年一二月五日参照］

日本チェーンドラッグストア協会政治連盟セミナー講演、二〇一二年六月

【第三章】

日本人は英語が使えなければならないのか？

——「英語信仰」からの脱却と「日本語本位の教育」の確立

日本人は英語が使えなければならないのか？：三つの角度

本日は文部科学省が二〇〇二年と二〇〇三年にそれぞれ発表した「『英語が使える日本人』の育成のための戦略構想」と「『英語が使える日本人』の育成のための行動計画」（以後「構想と計画」）を吟味することが主な目的になりますが、この「構想と計画」の最も大きな特徴はそのタイトル、つまり「英語が使える日本人」という名称にあると私は考えます（注1）。

この「英語が使える日本人」という表現は非常に大きな影響力があると思います。まず第一に、「英語が使える日本人」ということは、「日本人は英語が使えなければならない」という一種の強制の意味を出しています。グローバル化の時代なのだから、日本人は英語ができなければならないのだ、という意味合いで「英語が使える日本人」というキャッチフレーズが出てきたのだと思います。もうひとつこの表現がほのめかすのは一種の期待される日本人像です。これからの日本人が目指すべき目標として、「英語が使える日本人」という人間像を出していると思います。一言でいえば、文科省はこの提案により、「日本人は英語が使えるようになるべきだ」と宣言して「期待される日本人像」を出しているといえます。これはある意味では英語教育の範疇を超えた国民全体に大きな影響を与える強制力を持った提案であると思います。でありますから、これをしっかりと吟味しておかなければならないと思います。

そこで私は「英語が使える日本人」を疑問形に変えて、次のような問いにしました。

「はたして日本人は英語が使えなければならないのか?」

このことを三つの角度から検討してみたいと思います。そうすることにより、この文科省の「構想と計画」が英語教育ばかりでなく、日本および日本人にとって本当に価値あるものかどうかを見きわめたいと思います。

そして、これを検討することを通して私は何をいいたいのかをあらかじめ申し上げておきたいと思います。

それは、英語というものは、英語教育の枠組みだけでは十分に対応できるものではない、ということであります。英語の問題というのはすぐれて「権力」の問題であり、日米関係の問題であり、言語権という人権の問題であり、世界の言語環境問題でもあります。そして日本をいかなる国にすべきか、日本人はいかに生きるべきかというアイデンティティの問題とも密接につながっており、この多角的な視点を持たない限り、英語へのまともな取り組みは不可能であるということであります。

ですから、今日はそのような広い枠組みから、英語について、そして日本人と英語の関係について、私の考えを述べてみたいと思います。

それでは、「日本人は英語が使えなければならないのか？」に対する第一番目の回答から解説いたします。第一番目の回答は、この質問に対して、Ｙｅｓと答えるものです。

これを私は「近代化論的回答」と名づけています。これは文科省の「英語が使える日本人」構想の土台となる理論だと思います。「近代化論」とは何かと申しますと、欧米先進国を普遍的なモデルとして、それに日本を近づけようとする考え方です。日本は戦前はヨーロッパ諸国を、そして戦後はアメリカをモデルとして、日本という国をつくってきたわけです。そういう点で、今回の「英語が使える日本人」構想は、英語が使えるようになってアメリカ人に近づけようとするのですから、「近代化論」の系譜に入ります。

そういう意味では、「英語が使える日本人」構想は、日本政府がいままで取ってきた「近代化路線」「アメリカ依存路線」を踏襲するものといえます。ですから、これは何ら新しい構想ではないのです。従来の「近代化路線」「アメリカ依存路線」を強化しようとするものです。

近代化論的回答：「英語信仰」と「欧米信仰」

この「近代化論」では、「英語ができないこと」を「致命的な欠陥」と見なしています。英語は文明の言語であり、それができないのは野蛮であり、遅れている。こう考えるわけです。

そして、近代化論者たちは、英語を絶対視するあまり、さまざまな言説を駆使して、英語の必要性を叫びます。最近もっともよく使われるのが、ＴＯＥＦＬやＴＯＥＩＣの点数の国際比較です。他のアジアの国に比べて日本は最下位に近いといって、日本は「英語後進国」であると嘆き、「これではいけない」と危機感をあおるわけです。

しかし、この議論の前提には、「英語ができること」は「絶対的な長所」であり、「英語ができないこと」は「致命的な欠陥」であるという偏った西洋中心の「英語信仰」の考え方があります。果たして「英語ができること」は「絶対的な長所」であり、「英語ができないこと」は「致命的な欠陥」でしょうか？

私はそうは思いません。いま世界で英語圏の国以外で英語ができるのはほとんどがイギリスの元植民地であった国の人々です。すなわち「英語ができる」ということは「植民地支配のシンボル」といえるのです。「英語ができる」ということは「植民地支配の負の遺産」なのです。これは「絶対的な長所」どころではなく「致命的な欠陥」です。日本人が英語ができないのは、日本語と英語があまりにも異なる言語であることもありますが、主な原因は日本が欧米諸国に植民地化されなかったからです（アメリカによる占領支配はありましたが…）。ですから、英語ができないことは誇りにさえ思っていいことなのです。

それでは植民地化されていない国々でもＴＯＥＦＬやＴＯＥＩＣの点数が日本よりよい国はどう説明すればよいのか。これらの国のほとんどが発展途上国であるというのがその理由です。つまり、発展途上であるがゆえに、過剰に近代化、西洋化しているわけです。その結果として英語の点数もよくなるわけです。たとえば、中国や韓国の過剰な英語ブームがその例です。そのうち、必ず反動が来ます。

しかし、この「英語が使える日本人」構想にあるように、英語ができなければ日本人にあらずというような「英語信仰」の政策が打ち出されてきたのは大きな問題です。受験をはじめとして昇進や収入にも英語力が問われることが新たな社会的慣習になってきており、それに伴い「英語格差」という現象が現れてきております。ある調査によると、「英語を使う日本人」とそうでない人の間に、年収で約一二〇万円ほどの開きがあるそうです。そして、英語を使う女性は使わない女性よりも年収が四〇％高いということです。これは何を意味するかといいますと、日本の中で英語がいわゆる「上位言語」となり、日本語が低く位置づけられているのです。まさに「英語格差」です。つまり、いままでの日本語を中心としてきた国づくりから、英語に大きく比重を置く国づくり、社会づくりに転換してきており、英語を絶対視するいわゆる「英語信仰」が強まってきています。文科省の「構想と計画」もこのような「近代化路線」強化の一部として現れてきたのです。

しかし、果たして、これは日本そして日本人をよりよい方向に導いていくのでしょうか。

「アイデンティティ論」からの回答：日本語本位の教育の確立

さて、それでは別の角度からこの疑問を考えてみましょう。今度は「アイデンティティ論」の視点から考えてみます。

「アイデンティティ論」は近代化により伝統や文化が変容されてしまうことへの不安と警戒から現れて来たといえます。近代化による経済と社会の発展は、同時に文化や言語の喪失を伴っているからです。近代化には社会的変容のほかに、精神的、文化的変容が伴っており、アイデンティティの喪失は大きな問題となっております。

日本人のアイデンティティを護るという観点から考えると、この質問にはＮｏといわざるを得ないと思います。日本人が日本人であるためには日本語が肝要であり、外国語は二の次でなければなりません。「英語が使える日本人」でなければならない、などというのは愚論であり、このような考えは日本人を英語漬けにして、「英語依存」を広げるだけで、日本人から言語文化的な主体性を奪い取ってしまいます。このような状態が続くと、欧米諸国に対する依存心やコンプレックスからなかなか抜け出すことが出来なくなってしまいます。

このように考えると、文科省の「構想と計画」は、日本人のアイデンティティの発展に何らの貢献をするものではないといえます。なぜならば、英語を主にして、日本語を二の次にしているからです。しかも、英語力の向上のために国語力を上げようとさえしているのです。本末転倒しているわけです。

この本末転倒を治療するには、日本語を中心にした社会づくり、国づくりに立ち返る必要性があると思います。すなわち、日本を「日本語本位」の国にしなければなりません。

まず手直しをしなければならないのは大学教育であります。いまはほとんどの大学で英語が必修なのに、「日本語」が必修科目ではないという異常事態が続いております。これをいち早く直して、日本語を必修科目にして「日本語がきちんと使える日本人」をつくり出さなければなりません。英語をはじめとした外国語は選択科目でよい。日本語が必修科目で、外国語は選択科目というのがあるべき姿であります。現状は異常なのですが、だれもその異常に気がついていないのです。

さて、日本を「日本語本位」の国にするもうひとつの方法は、「日本では日本語を話す」という当然のことを実行することです。しかし、これが「英語信仰」「英語依存」の影響で、なかなか実行できないでいるのが現状です。日本にいるときでも、外国人に英語で話すのが常識になっています。これも異常です。しかもそれを得意げにやる人が多いのにはあきれてしまいます。言語文化的な主体性を放り投げているということがわかっていないのです。

「日本では日本語を話す」という思想と行動にはさまざまな利点があります。第一に、日本人の「英語信仰」や「英語コンプレックス」の解消に役立ちます。「日本にいるときは日本語でよい」と思うことにより、英語への強迫観念から解き放たれ、心理的にとても楽になることができます。第二に、外国人に日本語学習を促すことにもなります。日本人が外国人に英語を話し続けると、彼らはそれに安住して、日本語を覚えようともしません。彼らに日本語で話しかけ、日本語を使うように仕向ける必要があります。

第三に、「日本では日本語を使う」というのは、「ことばと地域」は切っても切れない関係があるという「地域性の原理」を認識することにつながります。「郷に入りては郷に従え」ということわざがあるように、それぞれの地域に根ざしたことばを使うことの大切さを認識させてくれるのがこの「日本では日本語を使う」という理念と実践であります。

また、日本人のアイデンティティの中核にあるのが日本語です。それを尊重し、使うということが日本人を日本人たらしめるのです。ですから「英語が使える日本人」ではなく、「日本語がきちんと使える日本人」の育成こそがいま求められているのです。

そのためには、国語教育でも、英語教育でも、「日本では日本語を、海外では外国語を」と教えなければならないと思います。そうやって教えることにより、日本人の中に「日本語本位」の精神が育っていくと思います。それが、日本人の言語文化的主体性の回復に役立つものと考えます。

「ことばの平等論」からの回答：英語支配への異議申し立て

それでは、「日本人は英語が使えなければならないのか？」に対する三つ目の回答について話します。三つ目の回答は「ことばの平等論」からのものです。

「ことばの平等論」というのは、英語支配に対する批判である英語支配論の土台となる考えです。「ことばの平等論」は、ことばには優劣がなく、平等であり、だれしも自分の母語を使う言語権があるとする考えです（詳細は拙著『英語支配とことばの平等』（慶應義塾大学出版会）参照）。

ひるがえって、英語が世界標準語として使われている現状は、英語という言語が特別待遇されている、いわば「ことばの不平等」がまかり通っている状況であります。英語支配とは、英語が使える人だけが得をする「言語差別」のことを指します。ほとんどの国際会議では英語が公用語となり、英語が優先され、英語中心の不公平なコミュニケーションが行われています。英語を話さないと無視されるのが当たり前になっています。私たちのような英語を母語としない者にとっては大変不利な言語状況です。

そして、私はいままでいくつかの著書の中で指摘してきましたが、現在の国際コミュニケーションでは、「英語を基盤とした序列構造」が出来上がっていると考えています。私はこれを「英語支配のタテの構造」と呼んでいます（第二章五九頁の図参照）。

この序列構造のピラミッドの頂点にあるのが、「英語の母語話者」（ネイティブ・スピーカー）です。彼らは英語支配の国際コミュニケーションでは絶対的に有利な立場にあります。その下には「英語第二言語話者」の階層があり、これが第二章で触れた「第二の英語」を話す人々です。彼らは母語話者並みの英語力があるので、この序列の上位に位置しています。英語ができる各国のエリートや旧イギリス植民地の国の多くの人々がこの階層に属します。そしてその下に位置づけられるのが「英語外国語話者」で、我々日本人はここに属します。我々にとって英語は教科のひとつであり、一生学ばなければならないので、英語学習という労働を強いられる「労働者階級」と名づけました。そして、この序列の最下部にいるのが「沈黙階級」で、英語との接触のない人々たちです。発展途上国内の少数民族等がここに属します。このように、いまや英語は単なるコミュニケーションの媒体というよりも、世界の人々を序列化、差別化する社会装置となっているのであります。

しかし、英語支配に異議申し立てせずに、ただひたすら「英語が使える日本人」を生み出そうとすることは、結果的には、英語支配という「ことばの不平等」「言語差別」の構造を認めてしまうことになるのです。いや、認めるだけでなく、英語支配の構造を強化してしまいます。ですから、「ことばの平等論」からの「日本人は英語が使えなければならないのか」という質問に対する回答は、Ｎｏとなります。

仮にこの「構想と計画」が成功したとして、それは短期的には日本に何らかの利益を生み出すかもしれません。それは主に経済的な利益でしょう。しかし、長期的展望に立ってみると、日本にとっては、「言語文化の主体性の喪失」と「アイデンティティの混乱」が生じてくるでしょう。英語を強調したがために、日本語も英語も中途半端な日本人が増えてくることも十分予想されます。さらに、日本の中で英語格差がますます顕著になってくるでしょう。それは貧富の格差とあいまって日本をアメリカのような過酷な格差社会にしてしまうのではないでしょうか。また、英語が上位言語となって、日本語の地位が低下してしまいます。日本人自らが日本語を低く見ることになれば、それは「言語文化の主体性の喪失」を招き、「アイデンティティの混乱」も必至といえると思います。

そしてさらに、「世界の人々は英語が使えなければならないのか？」という問いも考えなければなりません。これに対しても、「ことばの平等論」からは、答えはＮｏであります。

英語が使えなければ国際社会に参加できないというのであれば、そんな不平等で差別的な社会には参加しなければよいのです。それはあまりにも欧米中心、西洋中心の社会であるからです。英語を優先し、ほかの言語を大事にしないそのような国際社会に対しては私たちはきっぱりとＮｏを表明すべきです。

三つの提案

さて、いままでの議論を簡単にまとめてみたいと思います。

文科省の「英語が使える日本人」の育成のための「構想と計画」に対して、私は「日本人は果たして英語が使えなければならないのか？」という問いかけを行い、それに対して考えられる三つの回答を試みてみました。

第一は、「近代化論的な回答」で、「日本人は英語が使えなければならない」と考えるものです。西洋をモデルと見なすこの考えは、「英語ができること」は「絶対的長所」であると考えるため、英語や欧米文化を絶対視する「英語信仰」「英語依存」という弊害を生み出してしまうことを指摘しました。

二番目の「アイデンティティ論」からの回答は、Noです。日本人のアイデンティティの健全な成長のために重要なのが日本語であるからです。「英語が使える日本人」ではなく「日本語をきちんと使える日本人」の育成が必要なのです。そのためには、大学教育で日本語を必修科目にすること、そして、日本国内では必ず日本語を使うことを教育において徹底させることを提案いたしました。

第三の回答は「ことばの平等論」からのもので、これも答えはNoです。「英語が使えなければならない」という英語優先の考えは、「ことばの平等論」から見れば「ことばの不平等」を肯定する考えであります。全世界には六〇〇〇以上もの言語があります。ですから、英語を「世界基準」にすることはどう考えてもおかしいのであります。英語支配を許すことは、いままで世界を牛耳ってきた欧米諸国による支配を許してしまうことにもなります。

それでは、こうした三つの角度からの分析を基にして、日本および日本人はこれからどのような方向性を持って英語に向かっていくべきかについて、三つの提案をしたいと思います。

まず第一の提案は、「英語信仰」を脱出せよ、ということです。これはいいかえると「アメリカ信仰」を脱出せよ、ということですし、「近代化論信仰」を脱出せよということでもあります。要するにいままでの日本というのは、自分たちの力ではなく外の何かに頼りながら、自分を発展させてきました。古くは中国から学び、そして近代と現代においては、欧米から学ぶことにより発展させてきたわけです。

夏目漱石のことばを借りると、「外発的開化」により日本は発展してきたのです。「外発的開化」というのは外国から圧迫を受けて発展することです。しかし、漱石は一〇〇年以上前にすでに警告しています。「外発的開化」を続けていると、日本人は神経衰弱になって、滅びてしまうと。現在の日本の現状はまさにおびただしい神経衰弱の病状を呈しています。

もう、自分たちの外の存在を尺度にしてそれにあわせる近代化はやめにすべきです。「外発的開化」ではなく、「内発的開化」に切り替えるべきです。自分たちのペースで、自分たちの身の丈に合った発展にすべきであります。いままで日本人は無理に無理を重ねてきたために、その反動がさまざまな形で出てきています。通り魔事件などの多発、年間三万人を超えるといわれる自殺者、家族の崩壊、学級崩壊、モラルの低下等に見られるように日本社会は一種の「内部崩壊」が現れています。

このような現状に対処するためには、いままでの「外発的開化」による近代化をやめにして、江戸時代のようなマイペースの「内発的開化」に切り替えることが必要です。江戸時代にはすでに日本は日本独特の近代文明を築いております。そこからまず学び直すことが再出発の第一歩ではないかと思います。

このように考えると、日本語と英語の位置づけというのも自然に決まってくると思います。それが私の二番目の提案ですが、日本語中心の国づくりということです。日本は明治時代から翻訳により、日本語中心の国づくりをしてきたのですが、ここ二〇年くらい前から日本のお役所は急に英語好きになってしまいました。あの国鉄がＪＲになったのが一九八七年ですが、この頃から日本の社会は急速に英語化してきたといえます。農協はＪＡ、そして電電公社はＮＴＴといった具合に。あとはなだれが起きるように日本社会の英語化が広がってしまいました。英語に大きく比重が傾いたいびつな社会になってしまいました。英語力による収入の格差も出ています。ひとつの国の言語のあり方としてはこれは由々しきことであると思います。英語ができる人ばかりが有利な国づくりではなく、日本語中心の国づくりをしなければならないと思います。

三つ目の提案は、「ことばの平等論」からのものです。世界を見渡すと、英語支配はもちろんのこと、フランス語、スペイン語などの影響力はいまだに強く、過去の植民地支配の爪あとが西洋言語中心の構造的不平等という形で残っています。

このような「ことばの不平等」は「不公平な国際コミュニケーション」をもたらしており、それは不平等な国際関係の構造を再生産しているものです。

これに対して、日本政府は、もう英語に肩入れすることは止めにして、この国際的な言語問題を指摘すべきです。そして、英語支配および西洋言語支配ではない「公平な国際コミュニケーション」の実現のための戦略構想と行動計画を提案すべきであると思います。

日本政府ばかりでなく、私たち日本人も英語に肩入れすることばかり考えるのではなく、世界のコミュニケーションの新しい秩序を提案するような広い視野を持つべきだと思います。

それにしても大変不思議なことは、アメリカの知識人からは英語支配についてほとんどこれといった批判が出ていません。彼ら自らが自分たちの「言語的優位性」を自己批判するような議論が起こることを期待したいと思います。

おわりに

英語教育をどうするのかというのは、日本と日本人にとって、とても大きな問題であります。それが、今回の文科省の「構想と計画」のような目先の成果ばかりを追い求めるものになってはいけないと思います。私が今日話したようなアイデンティティやことばの平等などのより普遍的な枠組みから英語教育のあり方を模索する必要があると思います。そしてその際大切なのは、あくまでも日本語を中心に位置づけることです。英語よりも上位に位置づけることです。

しかし、日本人の中にいまだに「英語ができると何かすばらしいことが起きる」という「英語神話」や「外国にはすばらしいものがある」という「外来崇拝」が根強く存在しています。文科省も、ほとんどの日本人もこの「英語神話」「外来崇拝」に縛られています。まずはこの「英語神話」や「外来崇拝」から目覚めることが先決であると思います。

この日本には世界に類のないすばらしい自然と言語と文化があります。英語を学ぶよりも、このすばらしい自然と言語と文化を大事にすることのほうが何倍も、いや何百倍も大事なことなのです。そして、英語教育関係者こそこのことを肝に銘じておくべきだと思います。そのような意識の転換こそが英語教育に新時代をもたらす第一歩になるのではないでしょうか。

注

1　シンポジウム「英語教育の新時代―『英語が使える日本人』の育成のための戦略構想を超えて」二〇〇八年九月一五日、慶應義塾大学三田キャンパス

参考文献

鈴木紀（二〇〇二）「技術協力と文化」（津田幸男、関根久雄編著『グローバル・コミュニケーション論』ナカニシヤ出版、一一七～一二九頁）
津田幸男（二〇〇六）『英語支配とことばの平等』慶應義塾大学出版会
夏目漱石（一九七八）「現代日本の開化」（『私の個人主義』講談社学術文庫、三七～六六頁）
「英語使う女性、年収40%高い」（二〇〇五）『朝日新聞』一一月一六日朝刊

初出：大津由紀雄編著（二〇〇九）『危機に立つ日本の英語教育』慶應義塾大学出版会、一一八～一三四頁、一部改変

【第四章】言語的外圧とこれからの日本の言語教育

はじめに

「外圧」ということばは時々ニュースで流れます。たとえばアメリカから日本へ「もっとアメリカの商品を買え」といった圧力がかかります。また、日本の総理大臣が靖国神社へ参拝しようとすると中国や韓国から外圧がかかります。そして日本の捕鯨やイルカ漁に対してアメリカ人やオーストラリア人は反対運動を行なっていますが、これも外圧です。

歴史的にいって日本にとって大きな外圧は、幕末の「黒船来航」と言えると思います。これに対して、薩摩藩や長州藩は抵抗しますが、徳川幕府は外圧に屈して開国せざるを得なくなります。このような軍事的、政治的、あるいは経済的な外圧はよく話題に上りますが、もうひとつ日本が直面している外圧でまだあまり話題にならないのが、私が言うところの「言語的外圧」です。「黒船来航」以来、日本はさまざまな外圧を、主に「自己改造」することによって凌《しの》いできたといえます。明治時代の「鹿鳴館」に象徴されるような西洋文化の模倣により、日本の近代化を成し遂げてきました。英語、ドイツ語、フランス語を学ぶことにより西洋と肩を並べようと努めてきたのです。そして、この西洋を模範とする「自己改造」路線は今でも基本的に変わっていません。小学校の英語教育導入に見られるように、英語を吸収してさらなる「自己改造」をしようとしています。

しかし、はたして、この西洋を模範とした「自己改造」をこれからも続けるべきでしょうか？この問いに答えるために、「言語的外圧」について考察をして、そしてそれを基にこれからの日本の言語教育の方向性についてお話をしたいと思います。

一　三つの言語的外圧

（一）英語支配

私の言うところの「言語的外圧」には三種類あります。一つ目は、「英語支配」、つまり国際語としての英語の圧力です。今、英語はすさまじい勢いで世界に広がっています。英語は今や国際政治や外交、国際ビジネス、そして科学やメディアの国際共通語となっています。国際会議のほとんどで英語が公用語となり、英語を公用語とする国はおよそ七〇から八〇くらいあると言われています（注1）。英語はまさにグローバル化の現代を象徴する言語であります。

英語さえ出来れば世界と結びつくことが出来るから便利でいいではないかという考えもありますが、いいことだけではありません。私の「英語支配論」では、少なくとも六つの大きな問題があると考えています。詳しくは拙著『英語支配とことばの平等』に書きましたので、ご覧ください（注2）。今日はそのうちの三つの問題に触れておきます。

まず英語支配の第一の問題は、「英語支配による格差や差別の拡大」という問題です。英語が世界共通語となると、英語を母語・母国語とする人は絶対的に有利な立場になります。一方で、英語を母語としない私たち日本人は不利な立場におかれます。この不平等や格差や差別は、単なるコミュニケーションにおける不便さに限らず、生活全体に広がっています。世界の国々で、英語が出来る人と出来ない人の間には収入の格差がはっきりと出ています。たとえば、英語国の人口は世界の人口のわずか八％ほどですが、そのＧＤＰは世界のＧＤＰのおよそ三分の一にもおよんでいます（注3）。

第二の問題は、「世界の少数言語の消滅」という問題です（注4）。人類は過去五〇〇年ほどで近代化、産業化、西洋化を成し遂げてきましたが、その間人類の言語は半減しています。現在この地球上には約六〇〇〇から七〇〇〇の言語があるといわれていますので、五〇〇年前にはこの倍の一二〇〇〇から一四〇〇〇の言語があったことになります。そして、今から五〇〇年後にはたった一つの言語しか残らないと予言する言語学者もいます（注5）。

グローバル経済の浸透で、世界中の少数言語民族は「よい生活をするために」自分たちの言語を捨て、就職や進学につながる言語へと乗り換えています。その頂点にあるのが英語です。東南アジアの多くの国々では、英語が出来なければ「よい生活」が出来ません。その結果、少数言語は廃れています。

英語支配の第三の問題は「言語の英語化と文化のアメリカ化」です。英語の世界的進出によって、世界の言語と文化は急速に「英語化」「アメリカ化」しています。日本語にも急速に外来語が増殖しています。

文化のアメリカ化はもうあえて例を挙げるまでもないですが、ディズニーランドやマクドナルドの広がりを見るだけでわかります。マクドナルドは日本に約三三〇〇店あり、その数はアメリカに次いで第二位です。また、日本で上映される映画の半分以上はアメリカ映画です。今や日本人はアメリカ化した文化環境の中で暮らしているといえます（注6）。

言語の英語化と文化のアメリカ化は、おのおのの文化の独自性、固有性、自立性を妨げます。つまり、外来語の増加により日本語は「日本語らしさ」を失い、文化のアメリカ化により日本文化と日本人は「日本らしさ」「日本人らしさ」を失っています。社会言語学者の鈴木孝夫氏は、今の日本の現状を見て、「このままでは日本人は二流、三流のアメリカ人になってしまう」と著書『日本人はなぜ日本を愛せないのか』で嘆いています（注7）。同じことが世界の国々にも当てはまるといえます。

このように「英語支配」は、私たちの言語と文化はもとより、生活や社会全般にも広がり、「言語的外圧」として大きな影響を与えています。

（二）言語力支配

（二－一）ドイツの言語力向上教育

第二の言語的外圧は「言語力支配」というものです。最近は、「人間力」とか「老人力」あるいは「女子力」といった具合に、なんでも「力」をつけてものごとが語られることが一種の流行になっています。少し前までは、「あの人は人間的な人だ」というのが普通でしたが、最近は「あの人は人間力がある」ということのほうが多くなっています。つまり、人間を能力あるいは競争力があるかないかで評価するという考え方が支配的になっています。

そんな中で、最近「言語力」ということばが聞かれるようになりました。例えば、二〇一〇年の一月にNHKは「言語力」に関する特別番組を放送していました。それによると、現代の日本の若者は言語で論理的に伝えたり、表現したりする力と技術が乏しいそうで、つまり「言語力」が劣っているので、その力をつける教育が必要だということでした（注8）。

そして「言語力教育」のモデルとしてドイツの言語教育の様子が紹介されていました。それによりますと、ドイツでは一歳前後から言語力教育が始まり、一定の言語力がないと小学校に入れない地域もあるそうです。また、小学校での言語教育の様子が紹介され、たとえば、「農業」というテーマを与えられると、生徒たちはこのテーマから連想することばを書き出し、一分間で「農業」についてのスピーチを用意しなければならないという授業でした。ドイツの子どもたちはそれをすらすらとやっていました。取材を受けたドイツの学校の校長先生は「言語力をつけることにより、生徒は自信をつける。」と答えていました。

また、サッカーの日本チームの監督だったオシム氏が登場し、「日本のサッカーが国際試合で勝てないのは、言語力が弱いからだ。日本人はもっと主張せよ。」というようなコメントが紹介されていました。

たしかに「言語力」をつけるといろんなメリットがあります。しかし、だからといって言語教育の中心を「言語力向上」に絞っていいものでしょうか？　また、社会や文化を言語力中心、言語力支配にしていいものでしょうか？

ドイツや他の欧米諸国では言語力教育が盛んだということですが、それはなぜでしょうか？　それはこれらの国々が言語力中心、言語力支配の社会であり、文化であるからです。いいかえると、これらの国々では、言語は他人に向けて使われ、他人を動かすための道具で、ことばの「他動的」な使い方が支配的であるといえます。だから学校でこの「他動的な」言語力をつける教育を施しているのです。

（二－二）「言外」に真理を見出す日本文化

一方、ドイツや他の欧米諸国にくらべて、日本は伝統的に「他動的」な言語力中心、言語力支配の国ではありません。日本で重んじられるのは、言語や論理以前の「情緒」とそれを深める「自動的」、あるいは「内省的」と呼べるようなことばの使い方です。日本ではことばは自分の気持ちを深めるためという伝統があるといえます。

それはたとえば俳句や短歌の伝統にはっきりと表れています。

例えば正岡子規の有名な俳句。

柿食へば　鐘が鳴るなり　法隆寺

秋の夕暮れ時の美しい情景に感動している自分の気持ちが浮かんできます。ここには他人を動かすという気持ちはありません。
そしてあの道元禅師の歌。

春は花　夏ほととぎす　秋は月　冬雪さえて　冷しかりけり

極めつけは明恵上人の歌。

あかあかや　あかあかあかや　あかあかや　あかあかあかや　あかあかや月

いずれも日本の自然の美しさに感動している自分の気持ちを深めている歌です。川端康成はこの二つの歌をノーベル文学賞受賞のスピーチで紹介しました。川端は「悟りにはことばは不要」と次のように言っています。

「悟りは自分ひとりの力でひらかねばならないのです。そして、論理よりも直観です。真理は、「不立文字」であり、「言外」にあります。」(注9)

ことばや論理に引きずられてはいけないと警告しています。

日本の歌にはいわゆる西洋的論理はありません。あるのは鋭い美意識であり情緒であり直観です。「言外」に真理を見出し、少ないことばで一枚の風景画をイメージするのが日本の精神的伝統です。

ことばを論理的に使う「言語力」はたしかに重要ですが、そもそも論理というのはこじつけ、屁理屈にすぎない場合が多いのです。つまりは嘘です。屁理屈とは全くいいえて妙です。「理屈」に「屁」をつけて、論理の危うさ、愚かさを暴く日本人のセンスはすばらしいと思います。

「他動的な」言語力中心の教育、言語力支配の社会は、屁理屈や嘘のうまい人間を大量に生み出す、あるいはそういう人が有利に生きる社会です。言語力中心の教育や社会は、今グローバル化の影響により、世界中に広がっています。しかし、それは屁理屈やこじつけですばやく嘘をついて自己正当化する人間の大量生産につながるのではないでしょうか?

日本人は昔から口数が少なく、口下手です。でも口下手で黙々と働く、そして人と人との「和」を尊ぶ、そういう人々のおかげで今日の日本の繁栄と平和があるのではないでしょうか。

ところが最近「他動的」な言語力を持った日本人が増えているようです。いわゆる「クレーマー」

とか「モンスター・ペアレント」といわれる人々です。彼らは不平不満を言うための「他動的」言語力が非常に高いのです。そのような人が増えていく社会ははたして幸福な社会でしょうか？「他動的」言語力中心の社会は、究極的にはアメリカのような訴訟社会につながるのではないでしょうか。しかし、世界は今その道を歩もうとしています。「他動的言語力」が国際標準として世界に広がっているからです。私たち日本人はことばを自分の気持ちを深めるために使ってきたのですが、もうそんな余裕はなくなってきています。日本人もアメリカ人やドイツ人のようにことばを「他動的」に使えという国際的外圧が押し寄せてきているからです。

(三) 情報化社会

第三の言語的外圧は「情報化社会」の到来です。

ご存知のように、コンピューターのマイクロチップスが発明されたのが一九七一年です。その年から人類は「情報文明」の時代に入ったのだと唱える学者もいます(注10)。現在、パソコン、インターネット、携帯電話そして人工衛星の普及により、人類の情報活動は非常に活発になりました。それにより、多くの情報が行きかい、生産され、消費され、売買されています。インターネットや人工衛星により、世界中のさまざまな情報を瞬時のうちに手に入れることが可能になったのです。また情報の電子化、デジタル化も盛んになっています。今グーグル社による世界中の出版物の電子化が行なわれており、これにより国際的電子図書館が可能になるという話も出ています。

それではなぜ「情報化社会」が外圧になるのでしょうか。それは情報化社会にするには莫大な富がいるからです。情報化社会を可能にするには基盤となる情報環境と資源をまず確立しなければなりません。たとえば、私たちがパソコンを買っても、インターネットにつながる配線システムが確立していなければ、インターネットにはつながりません。社会にそれだけのシステムを確立するためには、その国が裕福でなければなりません。

つまり、裕福な国はいとも簡単に「情報化社会」を実現出来ますが、貧しい国はなかなか「情報化社会」にはならないのです。いいかえると、情報化社会の到来によって、「情報リッチな国」と「情報プアな国」という国際的な格差が出来てしまうという問題があり、貧しい国は世界の情報から取り残されてしまうわけです。するとそうならないように、無理にでも情報化社会にしようとする。まさに情報化しなければならないという国際的外圧があるのです。

「情報化社会」が外圧であるもう一つの理由は、言語と情報の画一化を生み出すという点です。「情報リッチ」と「情報プア」という話をしましたように、「情報リッチ」な国は情報化が進んでいますので、情報を発信する力が極めて高いわけです。すると、「情報リッチ」な国からの情報は世界中に流され、その情報は支配的になり、情報は画一的になっていきます。というか、もうすでに画一的です。世界の情報の八〇%は英語情報だといわれています。その多くはおそらくアメリカからのものでしょう（注11）。

情報というのは無機質で真空のものではありません。情報は「価値の表現」です。アメリカからの英語による「価値の表現」が世界中で支配的になるということはまさに価値観の画一化であり、アメリカ的価値観の支配になるといえます。「情報化社会」はたしかに便利な社会でありますが、このように、国と国の間に「情報格差」を生み出すばかりでなく、「価値観の画一化」を生み出しているという点で、まさに外圧といえるのではないかと思います。

二　言語的外圧はなぜ起きたのか？—情報文明の到来

さて、三つの言語的外圧について話してきましたが、次にこれらの外圧はなぜ生じたのかについて少し触れたいと思います。このような言語的外圧はただ自然に沸き起こってきたのではなく、世界全体の構造的な変化から生じてきています。この点を理解するために、言語的外圧が生じた原因について少し歴史をたどって手短に話したいと思います。

まず、現代はグローバル化の時代といわれています。それはもちろん正しいのですが、このグローバル化は昨日や今日はじまったことではありません。グローバル化とは、人や物や金や情報が国境を越える現象を指しますが、このような現象は今から五〇〇年ほど前から本格的に始まったといえます。ヨーロッパ人が現在のアメリカ大陸に渡ったのが一四九二年で、その後彼らは世界のいたるところに出て行って、右手に銃を、左手に聖書を持って世界のほとんどの地域を侵略し、支配しました。二〇世紀初頭にはヨーロッパ人の支配を受けていない独立主権国は日本やタイを含めてたったの六つだけになったほどです。

グローバル化とはいわば西洋文明が国境を越えて世界を侵略し、支配してきたプロセスといえると思います。それが現代においては新しい段階に達してきたのです。一九八九年にベルリンの壁が崩壊し、一九九一年にはソビエト連邦が解体して、米ソのイデオロギー対決は終わり、アメリカが標榜する資本主義・市場原理主義が直接・間接に世界の経済、政治、メディア、科学等を支配する時代になったといえます。アメリカン・スタンダードがグローバル・スタンダードと呼ばれる所以であります。アメリカの金融危機が世界の経済不況を巻き起こしたこともこのことの現れです。

三つの「言語的外圧」——英語支配、言語力支配、情報化社会——もこのような歴史の流れから生じてきたものです。

さらに角度を変えて捉えてみると、現代は「情報文明」という新たな文明の時代であるといえます。つまり、情報と知識とサービスが社会の基盤になる時代になったということです。それまでは具体的なモノや商品が生産され消費されいわゆる生産加工業が社会の中心でしたが、現代の中心は情報であり知識でありサービスになっています。これが今私たちが生きている「情報文明」の特徴といえます。いですから、言語と情報の比重・重要性が今までの時代よりも各段に大きくなっているといえます。

いかえると、言語や情報が人間や社会に与える影響は今までの時代よりも非常に大きくなったといえます。そして、その言語や情報や知識のスタンダードというものは主にアメリカ製のものが主導権を握っていて、それが世界中に広がっていて、私たちはそれを採用することを求められているわけです。言語に関しては、英語を使えと求められているのです。ゆえに私はこれを「言語的外圧」と呼んでいるわけです。

三　言語的外圧の日本への影響

さて、それではこの三つの「言語的外圧」は私たち日本人にどのような影響を与えるでしょうか。それについて三つの点から少し考えてみたいと思います。

（一）日本語とコミュニケーションへの影響――漢字が書けない日本人とクレーマーの増加

まず第一は、「日本語や日本人のコミュニケーション」への影響です。「英語支配」の日本語への影響はもうすでに大きく現れています。先ほど触れた「外来語」の急増です。それは日本人の日常のコミュニケーションにも影響を与えています。情報化社会の影響でパソコン関連の英語がそのまま使われることが普通になっています。メイル、アクセス、ログイン、パスワード、ユーザーネーム等はもう日常語になっています。この傾向は今後ますます強まると予想されます。するとしまいには、「つなぎことば」だけが日本語で、あとはすべて英語になるということさえ起きるかもしれません。

英語支配はただ単に日本語を変化させるだけにはとどまらず、日本語の地位も低下させています。英語は国際語という権威ある地位を持っているのに対して、日本語にはそれがありません。すると日本人でさえも日本語を英語に比べて地位の低いことばであると考えがちになります。英語を上に仰ぎ、日本語を下に見くだすのです。会社名や商品名に英語が多いのは、日本人が英語を上に仰ぎ見ていることの表れではないでしょうか？　若者の多くは英語を「カッコイイ」と感じています。

また、言語と情報の電子化も大きな問題を引き起こしています。現在ほとんどの日本人は自分の手でペンを取って文字を書くということをしなくなっています。現に私もその一人で、原稿を書くときはパソコンでローマ字入力で文章を書いています。また多くの人は携帯でメイルを打っていますが、自分の手を使ってペンで書いてはいません。私たちはまさに「電子化した言語生活」を送っています。この「電子化した言語生活」は、今まで私たちが経験してきた「言語生活」とは大変異なるものです。この新しい言語生活が日本人と日本語の間にどのような問題を引き起こすのか私にはまだわからないのですが、一つだけ私の体験から言えることは、漢字を書く力が衰えてきたということです。なぜならパソコンを使っていつもローマ字入力をしていますので、実際に漢字を書いていないからです。これからは日本語が書けない日本人が増えてくるのではないでしょうか？

それでは「言語力中心」の社会は日本人のコミュニケーションにどんな影響を与えるでしょうか？

「クレーマー」や「モンスター・ペアレント」といった例にあるように、おそらく「言ったモン勝ち」の自己主張中心のコミュニケーションになっていくのではないでしょうか。とにかく文句を言っておこう。そんな人が増えていく、というかもうすでに増えていると思います。そんなことをするのは昔はやくざくらいのものでしたが、今は普通の人がやくざ化している気がします。

日本文化に根付いていたはずの「慎み深さ」や「謙虚さ」や「以心伝心」などは衰退しつつあるように思います。日本語には英語があふれ、電子化した言語生活を送っているので、漢字が書けなくなっている一方で、クレームを言う言語力は高まっているのが今の日本人のコミュニケーションの実態といえそうです。

(二) 日本社会への影響 ―「無縁社会」と「匿名社会」の出現

第二に、日本社会への影響について考えてみたいと思います。英語支配、言語力支配、情報化社会は、英語が出来る人、言語力がある人、情報テクノロジーを所有し、使いこなせる人にとっては有利な社会です。しかし全員がこの力を持つことは出来ません。すると必然的に格差が生まれてきます。英語が出来る人と出来ない人、言語力がある人とない人、情報テクノロジーを持って使いこなせる人とそうでない人の間に歴然とした社会経済的な格差が生まれています。

日本人は、英語を母語としていませんし、もともとは口数の少ない民族ですし、それに国際通信社も持っていませんから国際情報力も低いわけです。ですから、日本人は国際関係・国際コミュニケーションでは差別され、冷遇されがちです。

日本国内でも、この三つの力の有無は格差を生んでいます。英語については、労働経済学の専門家によって、英語力と収入の関係を調べる研究が最近なされています。それらによると、日本国内でも英語が出来る人はやはりそうでない人に比べて収入が高いという結果が出ています。ただし、英語力が原因で収入が高くなるといえるかどうかは微妙だということです。学歴や個人のほかの能力などさまざまな要因も絡んでいるので、英語力だけとはいえないようですが、英語はたしかに格差や選別の装置になっていることは間違いありません（注12）。

英語力・言語力・情報力が重視される社会のもう一つの問題点は、情報の氾濫と過剰なコミュニケーションです。まず、英語力・言語力・情報力が重要な情報文明では、情報はあふれるほどに出回っています。インターネットには情報があふれていますが、そのうち本当に必要な情報は一体どれほどあるでしょうか？

また、最近は「コミュニケーション」ということばがよく使われていて、親子のコミュニケーション、夫婦のコミュニケーション、教師と生徒のコミュニケーションといった具合に、「コミュニケーションしなければならない」という価値観が広がっています。話すことは善で、黙っていることは悪でゆるされないという一元的な価値観も最近支配的です。

このように情報とコミュニケーションはあふれているのですが、果たして私たちの相互理解や人間的な結びつきは深まっているでしょうか？　皮肉なことに、実際はそれとは逆で今の日本の社会は急速に人と人の結びつきが弱まっているのではないでしょうか。「コミュニケーションしなければならない」という掛け声も、いわば人間の結びつきが希薄になっていることの裏返しだと思います。

たとえば最近「無縁社会」ということばを耳にするようになりました。「無縁」とは「関係がない」「人との結びつきがない」ということで、孤独な死が増えているということです。アパートの一室でひとり寂しく死を迎えて、その後葬式をやったり、遺体を引き取る人もいないという人が増えているのです。そしてこの孤独な死の後片付けをする仕事がビジネスとして急成長しているということです。

グローバル経済も「無縁社会」の形成に一役かっています。この二〇年ほどで日本全国いたるところで郊外にジャスコやイオンといった大型ショッピングセンターやショッピングモール、アウトレットが登場し、地域の結びつきの拠点であった駅前商店街がさびれて、いわゆる「シャッター街」に変わってしまい、人々と地域との結びつきが希薄になってしまいました。

そして情報文明の到来は、「無縁社会」をさらに不気味な「匿名社会」に変えています。インターネットの世界は基本的に匿名の世界です。ハンドルネームを使って自分の正体を明かさずにコミュニケーションが可能なので、それを悪用する人が絶えないのが現状です。闇のサイトで殺人などの依頼をすることが横行し、実際にそうした事件が起きています。

このように、グローバル化と情報文明の到来は、言語的外圧をもたらし、私たちの言語とコミュニケーションを変えるだけでなく、私たちの社会を「無縁社会」「匿名社会」に変えているのです。いいかえれば、インターネットで私たちは瞬時のうちに地球の裏側の人と交信出来ますが、隣近所に誰がいるかわからず、挨拶も交わさないという日常を送っているのです。

(三) 日本人の心への影響 ― 「英会話症候群」と「ネット依存症」

さて、言語的外圧の日本への影響の三番目は、日本人の心への影響についてです。言語的外圧は日本人の心にどのような影響をもたらすでしょうか?

まず英語支配は、日本人の心に「英語コンプレックス」をもたらすでしょう。私はこれを「英会話症候群」と名づけています。「英会話症候群」は英語が大好きな「英会話中毒」と英語が嫌いな「英会話アレルギー」から成り、日本人はこの相矛盾する二つの気持ちを英語に対して抱いているのではないでしょうか。日本人は英語に対して好きで嫌いな「コンプレックス」、文字通り「複雑な」気持ちを抱いているのです。そんな気持ちにさせるくらいに英語の影響は大きいということです(注13)。

言語力支配も日本人の心に大きな影響を与えます。禅宗が「不立文字」、つまりことばはいらないという原理を打ち立てたように、ことばの限界、危険性を日本人は伝統的に知っていたように思います。ことばとは所詮人が作ったもの。それを重視したり、中心にすることは危険であることを日本人は直感でわかっていたと思います。こうして日本人はことばに頼らずに「以心伝心」や「察しと遠慮」の心を発達させてきたのだと思います。

しかし、言語力支配の現代では、このような日本人の繊細な心も徐々に衰退していくのではないでしょうか。繊細では生き延びていけないので、図々しい日本人が増えているように思えます。

次に、情報化社会はさまざまな恩恵をもたらしていますが、これも日本人の心に大きな影響を与えています。私たちは今、さまざまな情報メディアに囲まれて、そのおかげで便利に暮らせます。電話、ラジオ、テレビ、そしてインターネット等のメディアです。しかし、かなり多くの人々がこれらの情報メディアなくしては生きていくのが難しくなっているのではないでしょうか。

ジャーナリストの柳田邦男氏はこの現象を「ケータイ・ネット依存症」と呼んでいます（注14）。今、街に出るとケータイ電話の画面を見つめている人が非常に目に付きます。家族や恋人同士でレストランに行っても、それぞれがそれぞれのケータイを見つめているのは日本では今や普通の風景になってしまいました。

柳田邦男氏によると、このようなケータイ・ネット依存症の人たちは、ケータイやパソコンがないと不安を感じ、イライラしたり、孤独を感じたりするそうです。そして、情報メディアの長所である「瞬時に応答する」という点が、皮肉にもわれわれの忍耐力、じっくり待つ力を衰えさせているとも言われています。手紙だけが唯一のコミュニケーションの手段であった時代には、手紙を出して、相手の返事をもらうまでは、何週間、あるいは何ヶ月も待つということをしなければならなかったので、私たちは自然と忍耐力が身についたと思います。しかし、今は情報メディアのおかげで、すべて瞬時に答えがもらえます。

その結果私たちはとてもせっかちになって、待つことが出来なくなり、フラストレーションを抱えやすくなっているのではないでしょうか。そして、挙句の果てはクレーマーやモンスター・ペアレントになってしまうのです。

四　言語的外圧への自己改造型対応とその限界

さて、私たちは現在このような言語的外圧に直面しており、その影響はかなり大きいということがわかったと思います。このような言語的外圧に対して、現在日本はどのような対応をしているでしょうか。それを次に話したいと思います。

(一) 自己改造としての英語教育

ひと言で言えば、日本政府の対応は、私が名づけるところの「自己改造型対応」をしているといえます。それでは「自己改造型対応」とはどんな政策でしょうか。それは、欧米諸国をモデル、規範としてそのまねをして自分を改造して発展させる方法です。日本は明治時代以来この方法でずっと日本を発展させてきたわけです。明治時代からは主にヨーロッパ諸国を規範にして、そして大東亜戦争の敗戦以降はアメリカをモデルにして、そこからよい部分を取り入れて、自己改造することにより、日本は先進国の仲間入りをすることが出来ました。

この「自己改造による国家の発展」という方法論は今でも続いています。それは「国際化」「グローバル化」に力を入れて、「英語教育」を振興させている政府の教育政策にはっきりと現れています。

今は「国際化」「グローバル化」の時代なのだから、まずは英語が出来なければならないというのが政府の考え方です。日本語よりも英語を真っ先に考えているところが、従来と同じ「自己改造型」の発想です。これを私は「英語中心主義」（第一章参照）と呼んでいます。言語教育について語るとき、政府も日本国民もまず英語について語るという「英語中心」的発想が心に染み付いているようです。

それを物語るように政府は、英語中心の自己改造型教育政策を次々と打ち出しています。ご存知のように、二〇〇二年からは試験的に小学校で英会話教育が導入されました。そして二〇一一年度からは、小学校五年生から「外国語活動」という正式教科として英語教育が始まります。また、二〇〇三年と二〇〇四年には「英語が使える日本人」の育成のための戦略構想と行動計画という勇ましい方針を文部科学省が打ち出しています。それによると、日本人は高校を卒業したら「英語で日常会話が出来る」、大学を卒業したら「仕事で英語が使える」ようになることを目標にしています。あたかも全国民が日本語と英語のバイリンガルになることを目指しているかのごとくです。

しかしこの目標は「絵に書いた餅」のようなもので達成は不可能です。なぜなら、日本人全員がバイリンガルになる唯一の方法は、日本という国を消滅させ、アメリカの五一番目の州になることだからです。そのぐらいしないと日本人にとって英語をマスターすることは難しいものなのです。もちろんそんなことをしてはいけませんが、英語中心の自己改造型発展の政策を続けていると、このような自己破壊的な提案まで飛び出してくるかもしれません。

アジアで英語に堪能なのはインド人、フィリピン人、そしてシンガポール人などです。

これらの国の共通点は、みなイギリスやアメリカの植民地支配や占領支配を受けたことです。彼らが英語が出来るのは植民地支配や占領が残したマイナスの遺産なのです。**私たち日本人はたしかに英語は上手ではありません。それは私たちの祖先が必死に戦って日本を植民地支配から守ったからです。それを思うと私たちは祖先に感謝して、そして英語が出来ないことを誇りにさえ思うべきです。私たちの祖先が日本語で生活が出来る国を作ったことを心のそこから感謝し、祝うべきなのです。**

しかし、日本政府の国際化、グローバル化へ順応しようとする英語中心の自己改造型発展政策はとどまるところを知らないようです。自民党にしろ民主党にしろ、英語中心の考え方は基本的に同じであると思います。

英語中心の自己改造型政策を続けている限り、日本人は二流、三流のアメリカ人になるか、インド人やフィリピン人のようにイギリス人やアメリカ人に精神的に支配され、従属する「アイデンティティの危機」に陥ります。私たちの言語的、文化的、精神的自立と独立のためにもう英語中心の自己改造型発展には見切りをつけるべきです。

さらに、英語中心の自己改造型発展は言語教育に大きな影響を与えていると私は考えています。一つには、すでに指摘しましたように、英語が重視され、国語が二の次にされているという現状があります。大学教育では英語が必修科目ですが国語が全く無視され、選択科目にさえなっていないのは現代日本の七不思議の一つといえると思います。一日も早く国語を必修にして英語を選択科目に変えなければなりません。

(二) 道具技能イデオロギーの蔓延

もう一つの影響は、言語教育のあり方ですが、英語教育では、「使える英語」「実用英語」「道具としての英語」という言語観が支配的であるため、それが一つの大きな権力となって国語教育の教育方法にまで影響を与えているのではないかということです。東京大学（当時）の教育学者佐藤学氏は、英語教育には「道具技能イデオロギー」が蔓延していると指摘しています（注15）。「道具技能イデオロギー」とは、ことばは道具に過ぎない、ことばの教育は技能教育に過ぎないという考え方です。

今、このイデオロギーが英語教育はもちろんのこと、社会全般に、そして世界中で広がっています。先ほど話した「言語力支配」もこれと同じです。「言語力」とは、考えを論理的に伝え表現出来る力ですが、要するに言語を使いこなすということです。

社会全体、世界全体がこの「道具技能イデオロギー」に染まっているわけですから、それは国語教育にも侵入しているのではないかと思います。国語教育を語るときも、国語教育は情緒的な感想や文学鑑賞に偏っていて、言語力の養成に役立っていないという批判を良く聞きます。私は文学鑑賞はことばの教育のすばらしい方法だと信じていますが、「道具技能イデオロギー」を信奉する人々は、それを時間の無駄としか考えないのではないでしょうか。先ほど紹介した道元禅師や明恵上人の歌などを彼らはどう受け取るのでしょうか。ことばの教育が単なる「道具技能イデオロギー」により行なわれたとしたら、それは非常に貧弱な教育になる恐れがあります。

なぜなら、ことばは単なる道具ではないからです。ことばは私たちの文化であり、伝統であり、魂であり、心です。ことばと人の存在、人の人格は切り離すことが出来ないほど結びついています。また、ことばは情緒とつながっています。海外で久しぶりに日本語を聞いたときにホッとした経験をお持ちの方も多いと思います。特に母語、国語は私たちに安心感をもたらしてくれます。ことばは道具であるというのはことばの一側面だけを見ているとても狭い言語観です。しかし、残念ながら「道具技能イデオロギー」は日本でも、世界でも広がっています。

五　これからの日本の言語教育のための三つの提案

さて、今、日本はさまざまな言語的外圧に直面していること、そしてそれらにさまざまな影響を受けていること、そして、それらに対する「自己改造」型の対応はさまざまな問題があるということがおわかりいただけたと思います。

それでは最後に、今までの分析を踏まえて、これからの日本の言語および言語教育のあり方に関して、**三つの提案**をしたいと思います。

(一) 日本語を国際語にする

まず、第一の提案は日本政府が考えるべき言語戦略に関するものです。それは、**日本語を国際語にする**ということです。今まで日本は欧米をモデルにして、外国語を学び、発展させてきましたが、今や日本は世界の重要な先進国の一つです。その国際的責任は明治時代とは比較になりません。今までの「自己改造」型発展を卒業して、日本人の言語的、文化的、精神的自立と自信を確立するために、そして日本人が世界で縦横無尽に活躍するために、日本語を国際語にすべきです。

日本には世界に類のない平和精神があります。日本はそもそも「大和の国」です。「大きな和」です。「和」の精神です。「和を以って貴し」の精神です。これが日本の真髄です。

日本語が国際語になれば、世界に「和」の精神がおのずと広がっていくのではないでしょうか。世界平和のためにも日本語が国際語になる必要があります。

すでに「もったいない」という日本語がケニアの環境運動家ワンガリ・マータイさんによって世界に広められているように、日本語には世界に通ずる「普遍的価値」を内包したことばがたくさんあります。もう一つ例を挙げれば、「お互い様」ということばです。これもなんとすばらしいことばでしょうか。他人に「さま」をつけて尊敬を表し、お互いを大事にしようという平和の精神を表しています。それに対して、英語の真髄を示すのは"have"です。つまり「所有」の精神です。英語では「兄弟がいます」を"I have a brother."といいます。「私は兄弟を所有します」というのです。英語では人間さえ所有しようとするのです。だから奴隷制度が出来たのでしょうか。「所有」の言語が広がったから、植民地支配が世界中に広がったのかもしれません。英語の広がりにより、今や世界中の人々は「所有」したい欲望に取り付かれています。

実は日本語は日本人が思っている以上に国際的なのです。たとえば日本語を話す人の数ですが、日本語は世界の八位に位置しており、世界のベストテンに入っています。海外で日本語を学ぶ人は三五〇万人以上いるといわれています（注16）。

日本政府はとりあえず国際連合などの国際組織の公用語になるように運動を起こすべきだと思います。国際連合に支払っている負担金は、確か日本はアメリカに次いで第二位になるほど巨額ですので、日本語を国連公用語にしてもらう資格は十分にあると思います。政府は国民を英語漬けにすることばかり考えていますが、それをやめて、日本語を国際語にするための国家戦略を練るべきです。日本語が国際語になれば、日本人は英語コンプレックスから解放されて、今よりもずっと自分たちの国、文化、社会に自信を持つことが出来ますし、国際的に活躍する日本人も飛躍的に増えると思います。

(二) 日本語本位の言語教育の確立

第二の提案は、日本語本位の言語教育の確立です。先ほどから話しているように、日本の言語教育は英語中心になっています。これをやめて、日本語、つまり国語中心の言語教育にしなければなりません。まずは大学教育において、国語を必修にすべきです。話す、聞く、書く、読む、の四技能の習得はもちろんのこと、日本国民として読んでおくべき小説、随筆、古典の作品のリストを、中学、高校、大学と設定して教えるべきだと思います。

二〇〇八年に作家の水村美苗氏は『日本語が亡びるとき』という本を出版され、かなり話題になりました(注17)。水村氏は、今は英語支配の時代になってしまい、その行き着く果ては、日本語による日本文学の消滅ではないかと警鐘を鳴らしています。ではなぜ日本文学が亡びるかというと、英語支配の時代には、どの国の文学者も英語で書き、英語で読むようになるからだと水村氏は言います。

「そんなばかな」と皆さんは思うかもしれませんが、文学ではまだまだ日本語は使われているものの、学問の世界、特に自然科学や社会科学では論文や発表は全て英語です。日本を代表する物理学や経済学の専門誌は全て英語です。また、筑波大学でも大学院教育の多くは英語で行なわれ、日本人の学生が日本語で勉強出来ない分野もあります。将来、同じことが文学に起こらない保証はありません。

このような英語支配に対抗するために、日本の知的、文化的、精神的伝統を保持し、継承するためにも、日本語本位の教育を確立し、国語教育を中心とした言語教育を作っていかなければならないと思います。そのために有効なのが国語教育と英語教育の連携です。たとえばテキストですが、英語と国語の教科書の教材を全て同じにするということを提案したいと思います。つまり、国語の教科書の内容を英訳したものを英語の教科書にするのです。国語でも英語教育でも内容はすべて日本に関することにするわけです。

また、英語教育でとりわけ大事なのが、英語を正しい日本語になおすという知的作業です。つまり「翻訳」の訓練です。これは英会話には役立たないと非常に評判が悪いですが、きちんとした翻訳の教育は立派な言語教育であり、英語と日本語の両方が鍛えられるすばらしい教育方法だと思います。英語の時間にきちんとした日本語で表現出来るという作業をしっかりと子どもたちにやらせることは、日本人がきちんとした日本語を使える基礎力を養うことになり、日本人の国語力の向上につながると思います。日本の英語教育は国語教育の一環として、日本人の国語力向上のために貢献しなければならないと思います。私たちは英語教育を利用して私たちの国語を鍛え、豊かにしていかなければなりません。そしてそうすることが「日本語が亡びる」ことを防ぐと考えます。

今、「日本語を国際語にする」という提案と、「日本語本位の言語教育を行なう」という二つの提案をしましたが、これは両方とも、今まで日本がやってきた「英語中心の自己改造型の発展」からの脱却を意図するものであります。欧米を理想として、それを真似る、合わせるという「自己改造」型生き方は、日本人の誇りも自信も自立も妨げています。日本人が自分たちに自信と誇りを持ち、自立的に生きるためには、「日本語を国際語にする」ことと「日本語本位の言語教育」の確立が是非とも必要なのです。欧米を手本にした「自己改造」型生き方はどうしても自己否定的になりがちですので、もっと自己肯定的な生き方が必要だと思います。その出発点として、日本語への誇りがあるのです。

(三) 人間の幸福に役立つ言語教育

第三の提案は、日本社会の問題点として指摘した「無縁社会」「匿名社会」に関わることです。先ほども話しましたが、グローバル化が進み、情報文明が広がるにつれ、私たちの社会は「無縁化」「匿名化」が進み、人と人の結びつきが希薄になり、人々はどんどんと孤独になっていきます。

このような人間の孤独や人間疎外に対して、言語教育が何らかの対応をしなければならないのではないかと思います。言語教育が社会の無縁化、匿名化に対応し、人間の幸福にどんな貢献が出来るのかということです。言語教育は人間の幸福に役立つようなものでなければならない、と最近私は感じています。そう私が感じているというだけで今日はあまり具体的なことは話せませんが、人間の幸福のための言語教育というものを意識することが必要だと思います。

しかし、今、言語教育は「言語力中心」の教育になっています。その弊害は今日お話ししました。ことばの教育がドイツのように単に「言語力」を上げる「道具技能教育」になっては、人間の幸福にはつながらないと思います。物事を論理的に伝える力や議論に勝つことも重要ですが、それではことばは人をやりこめるための道具になってしまいます。それよりも、心を込めて「ありがとうございます」ということの大切さを教える言語教育のほうがずっと人間的ですし、私たちを幸福にさせます。言語力も自己表現や自己主張も悪いとはいいませんが、私たちにとって大事なのは幸福につながる言語生活を送ることだと思います。お互いが幸せになるための言語生活というものを教える方も学ぶ方も意識する必要があると思います。

無縁社会、匿名社会で孤立している人々に、少しでも潤いを与えるようなことばの教育をすることによって、人々の孤立感を少しでも減らすことが出来ればよいなと私は思っています。人々を少しでも幸せにするような言語教育というものに私はこれから取り組みたいと思います。ことばというのは単に議論や不平不満を言う道具なのではなく、人を幸福にするための道具なのだという新たな認識を広げていきたいと思います。

おわりに　―日本語に誇りと自信を持とう

今日は「言語的外圧」を中心に、これからの日本の言語教育について私の考えを述べました。最後に三つの提案をしましたが、始めの二つの提案、つまり、「日本語を国際語にする」というのと、「日本語本位の教育の確立」というのは両方とも日本語を強調したものになりました。これは、私たち日本人がもっと日本語に誇りを持つことによって、私たち日本人の誇りと自信を取り戻したいという気持ちから出た提案です。欧米をお手本として、いつまでも「自己改造」ばかりしていては、私たちは自分に誇りと自信が持てません。そして、私たちが誇りと自信を取り戻すことこそが、私たちの本当の幸福につながるのではないかと考えています。

今、私たちには「英語支配」「言語力」「情報化社会」という国際的外圧が押し寄せています。その結果、言語教育が、単にことばをうまく使うことばかりを強調する教育になってしまっては本当の人間教育にはならないのではないかと考えますし、そういう教育は私たちを幸福に導いてくれるとは思えません。

私は英語教師です。長年英語を教えてきました。英語の教師のくせになぜ日本語を強調し、英語を批判するのだとよく怒られます。今日の話で疑問を感じた方も多いと思います。しかし、逆に長年英語教師をやってきたからこそ、この境地に至ったのではないかと思っています。

今、日本を取り囲む状況は幕末の頃に勝るとも劣らぬくらい厳しく、さまざまな「国際的外圧」が日本に迫っています。アメリカは長年に渡って日本国内に軍事基地を持ち、隣国の中国、韓国、ロシアは政治的にも経済的にも巨大化しています。そして、それを基に日本の領土を侵略しています。また核兵器を有する北朝鮮も大きな脅威です。

その上に今日お話ししましたように三つの「言語的外圧」が日本に迫っています。

こうしたさまざまの「外圧」に直面して、日本ははたしてこれから日本語と日本文化とそして「日本らしさ」を維持していけるのでしょうか。私は大変心配していますし、今日はそんな心配にかられてやむにやまれぬ気持ちからあえてお話をさせていただきました。

注

1 Crystal, D. (1997). *English as a Global Language*. Cambridge University Press.

2 津田幸男（二〇〇六）『英語支配とことばの平等』慶應義塾大学出版会

3 『英語支配とことばの平等』三九～四二頁参照。

4 『英語支配とことばの平等』第二章参照。

5 R.M.W.ディクソン（大角翠訳）（二〇〇一）『言語の興亡』岩波書店

6 津田幸男、浜名恵美共編（二〇〇四）『アメリカナイゼーション』研究社

7　鈴木孝夫（二〇〇五）『日本人はなぜ日本を愛せないのか』新潮社
8　NHK（二〇一〇）「問われる日本人の言語力」（『追跡 A to Z』一月三〇日放送）
9　川端康成（一九六九）『美しい日本の私』講談社
10　マジッド・テヘラニアン（二〇〇二）「文明間の対話」（津田幸男、関根久雄編著『グローバル・コミュニケーション論』ナカニシヤ出版、一一～二七頁）
11　『英語支配とことばの平等』第四章
12　津田幸男（二〇一一）『日本語防衛論』小学館、第三章
13　津田幸男（一九九〇）『英語支配の構造』第三書館、第四章
14　柳田邦男（二〇〇五）『壊れる日本人』新潮社
15　佐藤学（二〇〇九）「言語リテラシー教育の政策とイデオロギー」（大津由紀雄編著『危機に立つ日本の英語教育』慶應義塾大学出版会、二四〇～二七七頁）
16　『日本語防衛論』第九章
17　水村美苗（二〇〇八）『日本語が亡びるとき』筑摩書房

つくば市民活動センター・シンポジウム講演、二〇一〇年二月

第二部

英語支配論から英語教育を考える

〔第二部概要〕

「英語教育を考える」というと、「どうしたら英語が出来るようになるか」ということがテーマになりがちですが、もちろんここではそのような話はしません。「英語支配論」の視点から考えるので、英語の技術的習得ではなく、「英語教育の目的とは何にすべきか」を論ずることになります。なぜなら「英語支配論」は、英語が世界に広がっていることを「当たり前」とは思っていないので、英語を学ぶことも「当たり前」のことではないからです。ゆえにここでは英語の技術的習得を超えた「人格形成に通ずる英語教育」を展開します。

第五章「私の英語教育論　―人格形成のための英語教育」では、「私の」と題しているように、私の教師としての体験を通した英語教育論になっています。二〇代の高校教師だったころの苦い思い出や数年前アメリカの大学で「英語支配論」を講義し、罵声を浴びせかけられた経験などを語りました。

第六章「英語支配論による「メタ英語教育」のすすめ」は、ひとことで言えば、「脱・技術的英語教育論」です。コンピューターの使用など英語教育はますます技術化していますが、それを「超える」（メタ）ような中味の充実した英語教育を目指すべきと主張します。

第七章「人格形成のための教育　―私の理念と実践」では、まず「人格形成のための教育」に必要な三要素を論じ、後半私が現在教えている科目での実践報告をいたします。

英語教育の影響を受けて、国語教育も最近「技術的」になっている気がします。言葉の教育はあくまでも「人格形成」のためであることを、この第二部を通して改めて思い出したいものです。

【第五章】私の英語教育論

——人格形成のための英語教育

こんにちは。津田でございます。

本日はお招きいただきありがとうございます。日本英文学会という大変由緒ある学会に、あまり由緒があるとはいえない私が呼ばれてしまって少し戸惑いがありますが、ま、言いたいことを言ってみたいと思いますのでよろしくお願いいたします。皆さんから見たらかなりまとはずれのようなこと、あるいはショックを与えるようなことを言うかもしれませんが、ある意味では、この学会に入っていないからこそいえることもありますので、そこいらへんはどうか寛容と忍耐とユーモアの精神で受け止めていただければありがたいと思います。

私は、実は二〇〇七年の一月から五月までいわゆるフルブライト・プログラムの派遣でアメリカ、カリフォルニア州のサンマテオ大学で「異文化コミュニケーション」の講義を一学期間教えてきました。そこでいろいろと経験したことなどを織り交ぜながら、今日は話を進めていきたいと思います。

今回のアメリカでの経験で色々と感じることが多く、これを何らかの形で多くの人に伝えたいなという気持ちが強くありました。そこで、帰国早々、この研究会の代表である斉藤兆史先生に私の気持ちを伝えました。すると斉藤先生は、この研究会で話をしてくれないかと、親切に誘ってくださったわけです。ですから、今回は招待されたというよりも、私の意気込みに押されて、断りきれずに斉藤先生がこの機会を与えてくださったわけです。

それで、話が面白ければまだ許せるのですが、このように原稿を棒読みにするという今時流行《はや》らないやり方です。いろいろとご不満をお感じになるかもしれませんが、これもこの学会に属していない部外者の特権と思っていただき、しばらくの間ご辛抱していただければありがたいと思います。

教師としての出発点

さて、今日の私の話は「私の英語教育論」ということで、私が英語教育についてどのような考えを持っているのか、またどのような実践をしているのか、そしてなぜそのような英語教育になっているのかということが話の中心になると思われている方が多いと思いますが、そう思っていると少しがっかりするかもしれません。

なぜなら、まず「私の」といっているように、今日の話は極めて私の私的な感覚や経験を基にしていますので、どれだけ普遍性のあるものかどうかはあまり自信がありません。いいかえれば、私にとっての真実を話すのですが、それがどれだけここにいる皆さんにとって納得がいくものであるかどうかはわかりません。

それに「英語教育論」そのものよりも、それ以前の「英語や教育に対する私の問題意識」がどんなもので、それがどのように形成されてきたかということが話の中心になると思いますので、あらかじめお伝えしておきます。

私は一九七三年に大学卒業とともに東京都立雪谷高等学校の英語教師として教壇に立つようになり

ました。ここにおられる多くの方々とは違って、私の教師としての出発点は高校教師であります。約四年半高校の英語の先生として勤めました。この高校教師としての四年半は今でも忘れられない体験であり、楽しい思い出、悲しい思い出、ほろ苦い思い出などなどたくさんあります。

ご存知のように、高校の先生は単に英語を教えていればそれで済むというものではありません。教科指導のほかに、生活指導、ホームルーム指導、進路指導、クラブ活動指導、保護者・PTAとの連絡や会議、学校内の校務分掌等、仕事は山ほどありました。まるで戦争のような毎日でした。

そんな多忙な毎日の中で、私にとって仕事でもありますが、楽しみでもあったのが、クラブ活動の仕事でした。一時は、クラブの顧問を五つも引き受けていました。ESS、演劇部、女子ハンドボール部、現代音楽部、そしてもう一つはなんだったか思い出せません。

学級担任としても、生徒指導やホームルーム指導も一生懸命やりました。それでも生徒たちはなかなか言うことを聞かずに、苦労したこともたくさんありました。たとえば、一日の授業が終わると、教室の掃除をやることになっていますが、これをさぼる生徒が多くて、教室の掃除が行なわれていないことがありました。

放課後、自分の担任のクラスの教室に行って、掃除をしていないことを知ると、私自身が一人で教室の掃除をしたこともあります。四〇以上もある机とイスを移動しながら、掃除をしました。さすがにこのときはちょっと悲しい気持ちになりました。この悲しくてさびしい掃除が終わる頃、たまたま教室にやってきた生徒が、私が一人で掃除するのを見て、かわいそうに思ったのでしょう、一緒に手伝ってくれました。

こんなつらい経験も今は良い思い出です。高校教師の四年半、私はいつも生徒たちとともにいました。年齢もそれほど離れていなかったので、生徒たちはお兄さんのように、あるいは友達のように思っていてくれたのかもしれません。

ただ私がその頃から注意していたことは、どんなに仲良くなっても、先生は先生であって生徒は生徒であるという意識を常に持っているということでした。生徒たちもどんなに親しく振舞っていても、やはり先生には「先生らしさ」を求めてきますし、それをきちんといつも出せるように努めていたという記憶があります。その意識と姿勢は今でも変わりません。やはり、学校は基本的に「人格形成」の場なのです。ですから、先生は生徒に対しては、導く立場にあるということを忘れてはいけないと自分にいつも言い聞かせています。生徒と親しくなっても、同レベルになってはいけないということです。それには、教師としての、そして人間としての絶え間ない自己研鑽が必要であることはいうまでもありません。

教材探し・教材作り

その自己研鑽の一環として、高校教師の頃ずっとやっていたことの一つに、週に一、二度語学学校へ英語を勉強しに通うということがありました。私が通った学校はブリティッシュ・カウンシルの関係している学校で、小説を読んでエッセイを書いたり、議論したりするようなかなり高度なものでした。もちろん夜間の授業で、ビジネスマンたちに囲まれながらの勉強でした。こうやって、自分の英語力を常に向上させるように心がけていました。

もう一つこれは自己研鑽とはいえませんが、教材探しというのを今でも常に行っています。本を読むことはもちろん、映画やビデオ、テレビを見ているときも、旅行に行っても、四六時中といってもいいほど「教材探し」というものをやっています。

新聞記事や最近ではインターネットの色々なサイトが貴重な教材を提供してくれます。それを集めていくのが非常に楽しいプロセスであります。私は生来おめでたいというか楽観的なところがありまして、教材を探していて何か見つけると、その教材を教室で使っている自分やその教材で学生たちが生き生きと勉強している姿を勝手にイメージするクセがあります。うーん、これを使うといい授業になるだろうな、と勝手に思い込むことが出来るわけです。実際使ってみるとうまくいかないことが多いんですが。

とにかく、何かいい教材はないかな、あるいはいい教材になる材料はないかと探し回ることをいつも自分で自分に命令しているわけですが、それは苦痛でもなんでもなく、楽しくて創造的なプロセスですし、教師としては当たり前の生活習慣のようなものです。教材探しは、教師の生活習慣病のようなものです。この病は悪化しても誰も困ることはないと思います。いい材料を探したら、それを良い教材になるようにうまく加工することも重要な作業です。いわゆる「教材作り」です。これも大変ですが、楽しい創造的なプロセスといえます。

およそ二年前のことですが、カナダのある大学から、インターネットを使ってオンラインのシンポジウムをやらないかという依頼が舞い込んできました。テーマは「言語支配」で、私には「英語支配」について、話してくれないかということで、私は面白そうなので参加することにしました。結局色々技術的な問題がクリア出来ずにそのシンポジウムは実現出来なかったのですが、参加するつもりになっていた私は、このオンライン・シンポジウムのために自作自演のビデオを作ってみました。それは単に英文の原稿を私が朗読する大変つまらないビデオなんですが、私の英語支配論を英語で約四五分くらいでまとめたものでして、大学の技官の方に頼んで、タイトルとサブタイトル・キャプションなどを入れてもらいましたら、一応は教材としてもなんとか使えそうなので、私の担当している「グローバル・コミユニケーション論」という講義でこのビデオを使っています（注1）。

このように、自前の手作りの教材を作るというのも教師の大事な仕事だと思います。そこに教師の教育理念や情熱が表れると思います。

これなどは、研究活動がたまたま教育に結びついて、教材作りにまでなったという例だと思います。研究と教育が分裂状態にあるということが特に今の英語教育では大きな問題ですが、そこに何とかつながりを作っていくのも私たち大学教師の大事な仕事ではないかと思います。その結びつきを可能にしていくのが、教師の持っている「問題意識」です。教育に対する、人生に対する、学問に対する、英語に対する「問題意識」。これがカギになると思います。

アメリカの英語教育学への違和感

この「問題意識」が結実したのが、私がもう二〇年ほど一貫して展開してきた「英語支配論」というものだと思っています。この「英語支配論」について、少し話をしてから、「私の英語教育論」へと結びつけていきたいと思います。

私は高校の教師を辞めて一九七七年に南イリノイ大学大学院へと留学しました。専攻はＥＦＬ、いわゆる英語教授法でありました。そこで言語学や英語教育の勉強をしましたが、勉強をしていて気になったのは、アメリカ人の考えている英語教育というものは、アメリカへ移民に来た人々をいかにアメリカ化するかという前提で考えているというものでした。彼らの英語教育はアメリカナイゼーション政策の一環であるということに気がついたのです。これを鵜呑みにして、日本に持ち帰って日本の英語教育に当てはめたら、それは日本人のアメリカ化につながる大変危険なものであるという問題意識を持ちました。日本人を精神的に植民地化するものになってしまうと思いました。

ここで問題なのは、その当時もそうだったのですが、今でも、アメリカや西洋諸外国に行って勉強してきた日本人の学者たちの、その西洋の諸知識に対する「批判的な問題意識」の欠如であります。私が知る限りでは、ほとんどの日本人学者は西洋の知識をコピーすること、それを切り売りすることを生涯の仕事としているようであります。全く情けないのひとことであります。これでは、魂を売り渡しているようなものです。日本英文学会の皆さんはどうなっているかわかりませんが、学問の対象が英語、英文学であるだけに、うっかりするとコピーと受け売りに陥ってしまうことは十分に考えられます。

しかし、明治時代以来、日本のエリートたちは西洋の威を借りて、庶民を支配してきたのです。鹿鳴館がその象徴ですし、鹿鳴館的な精神の植民地化は今でも続いていると思います。

私はアメリカの英語教育学には違和感がありました。かれらのアメリカ・西洋中心的な考え方、アメリカ普遍主義を受け入れることが出来なかったし、受け入れるべきではないと思いました。

英語が国際語であることへの疑問

修士号を得て、いったん日本に帰国し、短大で三年ほど教えていましたが、もっと自分の問題意識を掘り下げたいという気持ちに駆られて、もう一度南イリノイ大へ留学しました。言語学は恐ろしく退屈だったので、今度はスピーチ・コミュニケーションを専攻し博士課程へ入学することが出来ました。一九八二年のことですから、もう今から約三〇年も前の話です。

当時、言語学や英文学で留学をする人は多くいたのですが、スピーチ・コミュニケーション専攻で留学する人というのはほとんど皆無といっても良かったのではないでしょうか。

しかし私は時代はコミュニケーション研究を求めていると直感していましたので、さしたる不安は感じませんでした。特に異文化コミュニケーションや国際コミュニケーションを学ぶ目的で再度留学をしてみたわけです。

博士論文を書く段になって、私はやはり自分にとってもっとも気になる「英語」をテーマにしました。それは、アメリカでコミュニケーションの研究テーマを調べてみても、英語が国際語であることを改めて問い直すような研究がなされていないということが一つの理由でありました。アメリカ人の学者たちは、「英語が国際語である」ということになんの疑問も持っていないということがわかったのです。彼らにとって「英語が国際語」なのは当たり前のことであり、それに対してなんの問題意識も持っていなかったのです。

しかし、私たち日本人のような非英語国の人間にとって、英語は大きな壁です。英語が出来るか出来ないかは人生を左右する大きな問題なのです。英語国の人は生まれながらにして国際人になるパスポートを持っているのに対して、私たちにはその保障はありません。このような明らかな格差、差別を学問のテーマにしないで何がテーマとなるのでしょう。私はそう考えて、博士論文を一九八五年に書きあげました。それが“Language Inequality and Distortion”という論文です。幸運なことに翌年、オランダの出版社より出版出来ました（注2）。およそ半分ほどカットされましたが。

日本に戻って、無事に就職しましたが、博士論文を土台にした本を日本語でも出版しようと思い立ち、執筆を開始しました。そして一九九〇年に『英語支配の構造』をなんとか出版にこぎつけることが出来ました（注3）。これが私の「英語支配論」の始まりでした。以来、何冊も本を書き続けて、自分なりにこの「英語支配論」を育ててきました。

二〇〇六年にも『英語支配とことばの平等』という本を慶應義塾大学出版会から出すことが出来ました（注4）。私の英語支配論をご存知ない方も多いと思いますので、この本に沿って、ごく簡単に英語支配論のエッセンスに触れたいと思います。

英語支配の六つの問題

私の「英語支配論」というのは、英語が世界標準語になっている現状を「英語支配」と捉えて、それがことばとコミュニケーションの不平等を生み出していると異議申し立てをする議論であります。「英語支配」により、英語は単なるコミュニケーションの手段であることを越えて、社会的不平等や権力の不均衡を再生産し、強化する装置になっている、というのが、「英語支配論」の考え方であります。

私は、英語支配により、少なくとも六つの問題が生じていると考えます。

第一に、「言語差別」。これは、英語を話す人々が、「英語支配」により、さまざまな特権を有しているのに対して、英語を話さない人々はさまざまな不平等や差別を被っています。国際会議でも、英語が支配的で、会議はしばしば英語国の代表により支配されてしまいます。「英語支配」により、英語を使うべきであるという国際的なプレッシャーが世界に広がっており、英語を使わない人が差別や偏見を受けるという事態が広がっています。

第二に、「言語抹殺」。これはいわゆる「消滅に瀕する言語」の問題を指します。今、世界中の少数言語が数多く消滅しており、一説によると、二一世紀末までに、現在の世界の言語の約九五％は消滅するといわれています。数百年後には、世界にはたった一つの言語しか残らないだろうと予測する言語学者もいます。そのたった一つの言語とは、英語であることは間違いないでしょう。「消滅に瀕する言語」の原因は複雑ですが、英語支配が多かれ少なかれ関わっていることは間違いありません。英語を 'killer language'（殺し屋言語）と呼ぶ言語学者もいるくらいです。

第三に、「文化のアメリカナイゼーション」です。英語支配とアメリカ文化支配は同時に起こっており、この二つは切っても切れない関係にあります。皆さんは、'Coca Colonization' や 'Macdonaldization' ということばは聞いたことがあると思います。コカコーラやマクドナルドが世界に広がることは、英語支配をもたらすと同時に、アメリカ物質文化の世界的な拡散をもたらしました。このほかにも、映画、音楽、娯楽などにおけるアメリカ支配が世界の文化のアメリカ支配につながっています。

第四に、「情報格差」であります。今、世界のマスメディアはアメリカとイギリスが支配しているといって過言ではないでしょう。グローバルなニュースメディアは七つありますが、そのうちの六つはアメリカとイギリスにあります。後の一つはカタールのアルジャジーラです。インターネットの英語支配も相変わらずで、七〇％近くが英語のウェブサイトです。英語情報が支配的になっていることは間違いありません（注5）。

第五に、「精神支配」です。言語と思考の深い関係は、多くの哲学者の指摘するところであります。ゆえに、英語が支配的になるということは、英語的思考が支配的になるということが言えると思います。英語の精神構造が世界的に広がるということです。その結果、精神の植民地化が起きるということも考えられます。英語崇拝、欧米文化崇拝といった意識が広がるわけです。英語や欧米文化が普遍的基準として認識され、正当性や権威を持って、人々を支配するということが起こるわけです。

第六に、「英語支配のタテの構造」という問題です。英語支配の現代においては、英語のネイティブ・スピーカーは非常に有利な立場にあり、一種の「特権階級」を形成しています。次に、英語を第二言語として使っている人たちも、かなり有利な地位にあり、これは英語支配の「中流階級」を形成しています。次に、英語を外国語として使う私たち日本人のようなものは、一生英語を学ばなければならないので英語支配の「労働者階級」であります。そして、英語を使わない人たちは黙殺されてしまうので「沈黙階級」といえるでしょう。

英語支配が進む現在、英語力を基にしたこのような「タテの構造」が国際的に出来ているのではないかと考えています。上の二つの階級は「英語支配の支配階級」であり、下の二つの階級は、「被支配階級」といえると思います。

このような少なくとも六つの問題があるにもかかわらず、現在「英語支配」が常識化して、その結果コミュニケーションの不平等も常識化しています。このコミュニケーションの不平等の実態を明確にして、コミュニケーションの平等を構築しようとするのが英語支配論であります。

日本では日本語を使おう―英語信仰からの脱却

英語支配による六つの主な問題を概観しましたが、問題は、これらの問題がまだ十分に認識されておらず、ほとんど放置されているということにあります。そして、英語は実質的に世界の人々に押し付けられているのが現状といえます。英語を拒否することは許されず、使わざるを得ない状況になっています。いいかえると、今私たちは「言語選択の自由」を奪われているといっても過言ではありません。

先日も筑波大学にドイツ人の学者が招かれて講演をしましたが、この先生は英語で講演をして、その後の質疑応答も英語でやりましょうといって話を始めました。まるで、英語でやることが当たり前のような雰囲気でやっているわけです。質疑応答の冒頭は、予想通り長い沈黙が流れました。学生たちは本当はいろいろ発言したいのでしょうが、テーマが複雑ですし、それを英語で表現する難しさに直面したわけで、沈黙するのも無理もありません。

この状況では、日本人は日本語を使う言語権を奪われているわけで、まさに英語支配による言語差別を被っているといえるのです。

それでも二、三の学生は勇気を振り絞って英語で質問していましたが、ドイツ人学者との英語力の差は歴然としているわけでして、彼は圧倒的に有利な立場から話をすることが出来るのです。これはある意味では、現在の国際コミュニケーションの縮図であるともいえます。英語のネイティブ・スピーカーや英語を第二言語として使う者が、圧倒的に有利であるということです。

皆さんはこの場にいたら、どのようなコミュニケーション行動を取られるでしょうか？　やはり英語で質疑応答に参加されるでしょうか？　学生の前で、私はこんなに英語が出来るのですと証明することもかねて、英語を話す方もいるかと思います。

私はそのときどうしたかをお話ししましょう。

私は、もちろん日本語で質問をしました。まず前置きとして、私は日本では日本語を話すことを信条としているので、日本語を話すといいました。それから、日本語でおもむろに質問をしました。幸い、司会の日本人の先生が大変上手に通訳してくださいました。日本語で話すと、もちろんのことですが、自分の考えを、英語でやるときに比べて格段にうまく表現することが出来ます。英語で話すと、英語のネイティブ・スピーカーや英語の第二言語話者と対等に話すことはなかなか難しくなります。英語を話すと自ら自分を不利な状況に追い込んでしまいます。同時に、自分の言語権を放棄し、英語支配を正当化してしまうことになるわけです。そんなことを自らすすんでやることはないというのが私の考えです。

ですから、「日本では日本語で」ということを私は以前からずっと主張してきています。

この点について、特に英語や英文学を専門とする人間は勘違いをする傾向にあると思います。あるいは英語・英文学を専門にするからこそ、勘違いしてしまうといった方が正確かもしれません。とにかくこのような専門家たちは、一般の人々と同じように英語を使いたがる傾向にあると思います。それにより、英語支配のもたらす問題を見落としているといえます。英語・英文学者の英語好きもほどほどにしていただいて、英語支配という国際的な不平等の問題への問題意識を持っていただきたいと思います。

私たちが扱っているこの「英語」というものに対して、一般の人々とは違う専門家ならではの問題意識を十分に持つことが大変大切です。

今までの日本の英学の伝統では、英語や英文学をいわゆる「仰ぎ見る」姿勢が強かったと思います。目線が下から上へいっていたのです。英語や英文学に「理想像」や「普遍性」を見出そうとしていたと思います。しかし、この「仰ぎ見る」姿勢というのは、しばしば英語や英文学を絶対視する態度につながってしまい、「欧米崇拝」や「精神の植民地化」というマイナスの態度を自ら生み出してしまうことになったのです。まずこういった英語や英文学を「仰ぎ見る」姿勢というものを英語・英文学の専門家が見直す必要があると思います。

英語は魂を奪う「危険言語」

最近になって、このような「仰ぎ見る」姿勢を脱皮して、英語をその文化から切り離して積極的に利用しようという考えも出てきています。たとえば、アメリカの社会言語学者の Larry Smith や B. B. Kachru は 'World Englishes' という概念を提案し、イギリスやアメリカとは異なる「多様な英語」の積極的使用とその「多様な英語」の地位の正当性を主張しています。植民地支配の「負の遺産」である英語を積極的に利用しようという考えです。

しかし、私の英語支配論から見ると、この考えは、英語を第二言語とする者の利益を代表しているようにしか見えません。しかも、英語が各地域のナショナリズムとつながって、国益のための英語教育振興政策になっているわけです。

さらに、この「多様な英語」の利用は、いわば、英語支配を正当化する新しいイデオロギーといってもいいと思います。というのは、この考えでは、「アメリカ英語」や「イギリス英語」の正当性を否定して「多様な英語」の使用を追求していますが、いずれにしても英語であることには変わりはなく、この考えを普及させることにより、英語支配はますます広がるわけで、「英語を話す人々」の利益は拡大し、コミュニケーションの格差は広がるばかりです。

私たちは、たとえばケニアの作家グギ・ワ・ジオンゴに見られる英語に対する徹底的な抵抗を見逃してはいけないと思います。植民地支配を受けた地域で実際にその辛酸をなめたこれらの知識人の抵抗から学ぶことは多いと思いますし、私の英語支配論も彼らと同じで、英語への抵抗、警戒を怠ってはいけないと思っています。

先ほど、英語支配の六つの問題の話の中の二番目に「消滅に瀕する言語」の話をしましたが、「消滅に瀕する言語」は「危機言語」とも呼ばれています。私はこれにちなんで英語を「危険言語」と呼んでいます。英語は、「危機言語」を生み出すばかりか、その魅力ゆえに、かなりの知識人でさえも、その魅力に抗しきれずに、英語支配に巻き込まれ、そしていい気になって使っていたら、魂までごっそりと骨抜きにされてしまいかねない危険な言語なのです。英語を研究したり教育したりしている私たちは少なくともこのような問題意識を持っている必要があると思います。

「英語支配論」に反発するアメリカ人達

さて、私の二〇〇七年のアメリカでの体験を少しお話しします。

これは、フルブライト・プログラムの一環でアメリカの大学で講義をするフルブライト・スカラー・イン・レジデンス・プログラムにより派遣されたものです。派遣先の大学はカリフォルニア州のサンマテオ大学というコミュニティー・カレッジで、担当科目は、異文化コミュニケーションでした。週に一回三時間の講義でした。

私がこの仕事を引き受けたのは、これは私の英語支配論をアメリカ人に伝えるいい機会になると思ったからであります。サンマテオ大学では講義のほかに、大学全体での講演を行ないました。約一五〇人くらいの聴衆を集めることが出来ました。そのときの様子が大学新聞に載りました（注6）。英語支配論のエッセンスを一時間ほど話しました。そのほか、スタンフォード大学、ワシントン大学（写真①②）、サンホセ州立大学（写真③④）、サンマテオ大学の近くのカニアダ大学、サンマテオ市の隣町のバーリンゲーム市のロータリー・クラブでも講演を行ないました（写真⑤）。そして、五月にフルブライトの仕事を終え、六～七月はホノルルのイースト・ウエスト・センターで客員研究員として一ヶ月滞在し、最後に講演をしました。

英語支配論に対するアメリカ人の反応は一言でいうと、非常に強い反発だったといえます。好意的な意見を言ってくれたのはほんのわずかで、ほとんどは猛烈に反発していました。あるところでは、教授という立場にある人でも非常に感情的な発言をしていました（しかし、サンマテオ大学の教職員・学生の多くは写真にあるようにとても友好的でした。写真⑥⑦⑧）。

①

②

③

④

⑤

⑥

⑦

⑧

彼らの反発を象徴する発言は次の二つにまとめられると思います。

一つは、"The world has chosen English. And there is nothing wrong with it." という発言です。もう一つは、"The English-speaking people and countries are not responsible for English Hegemony. It is the rest of the world that demands English." というものです。

要するに、もはや世界が英語を選んだのだから、英語国も英語国民も何も悪くはないと反論しているわけです。

アメリカ人の実像①──謙虚さの欠如

このような感情的な反発から、アメリカ人の実像というものが見えてくると思います。

まず第一に、彼らは謙虚さが全くないということがいえます。私は日本からわざわざ出かけていって、「英語支配論」を教えてあげているわけですが、それをありがたく拝聴しようという姿勢が微塵もないのです。その代わりに、自分たちを正当化することに躍起になっているわけです。たしかに英語支配を批判する話は、彼らの心を傷つけるものかもしれませんが、そこをぐっと我慢して、この外国人の学者（つまりそれは私のことですが）の話を謙虚に受け止め、自分たちをさらに成長させるために役立てようとは考えないのです。

「他者」から学ぼうとしないのです。つまりは、傲慢なのです。

これはアメリカ人に礼節が欠けていることと関係があると思います。英語には'polite'ということばはありますが、アメリカ人の辞書にはそのことばはないようです。礼節とは「他者」への思いやりや配慮が基盤になっています。「他者」から学ぼうとしないアメリカ人は、礼節に欠け、傲慢な国民になってしまったのです。そして現在日本人もアメリカ化しています。

私が教えた学生の中にもこの傲慢さと礼節のなさを絵に描いたようなものがいました。この女子学生は、講義の途中からイスを二つ使って、その上に横になってまるで寝てしまっているような姿勢で受講していたのでした。二、三週間は我慢していましたが、あまりにも無礼だと思い、「君の態度は無礼である。そのような態度は許さない。」と伝えて、改めて話をするので私のオフィスに来なさいと伝えました。そして、話し合いのときに、なぜあのような姿勢なのかとたずねると、その答えは唖然とするものでした。

「イスが座りづらい。」というのです。自分の態度の悪さをイスのせいにしているのです。それどころか、攻撃の矛先を私に向けて、「みんなの前で、私をしかったのは私に対する侮辱である。」と怒りをぶつけてきたのでした。

私も黙ってはいません。「そもそも君の態度が無礼なのです。あれは外国からわざわざ来たゲストに対する態度ではありません。」

それでも彼女は私の指導に謙虚に従おうとはしないので、私は「大変残念です。もう話すことはありません。」といって、後はずっと沈黙を続けました。数分間の沈黙の後に、彼女は部屋を出て行きました。翌週から、彼女は講義に出席したものの、それまでのように発言することなく、ただ静かにそしてきちんと座って講義を受けていました。

話し合いのとき、彼女は「私は今まで一度も注意などされたことはない。」といきがっていましたが、そもそもそれがいけなかったのです。今まで彼女の無礼さをはっきりと直言する人がアメリカにはいなかったのです。私の直言により、初めて彼女は「謙虚さ」と「礼節」の重要さに気づいたのです。「英語支配」も同じことです。その問題を直言し、英語国民に気づかせる必要があると思います（なお、この学生は写真には写っていません）。

アメリカ人の実像②——功利的個人主義

第二に、「世界が英語を選んだ」といって英語支配を正当化しようとしますが、これには「自由競争」や「個人主義」といったリベラリズムの思想が色濃く影響しています。いわゆるレッセ・フェール（自由放任）の考え方です。規制や介入がない状態で、人々が選び取ったものが秩序を形成するという考え方です。しかし、英語を選び取るのは多くの場合「功利主義的個人主義」が発露となっています。自分の「富」と「権力」と「成功」を求めて、人々は英語を求めていきます。アメリカというのは、このような「功利主義的個人主義」の人々が集まって出来ている国です。最近問題になっているのが、

「功利主義的個人主義」が肥大化して、人々の意識が「私化」して、「公共意識」や「公共性」が凋落していることです。

たとえば、アメリカの学生はよく発言しますが、これも点数をかせぐためで、「功利的」動機にかられているためです。自分の利益のために発言しているのです。

いいかえると、英語支配への批判というのは、こういう功利的で利己的で公共意識の低くて礼節のないアメリカおよびアメリカ的価値への批判でもあります。

人格形成のための英語教育

さて、「英語教育論」の本論に入る前に、いろいろと寄り道が多すぎて申し訳ありません。しかし、今までのお話で、私は、英語に対しても、アメリカに対しても、批判的な問題意識を持っているということはおわかりいただけたと思います。そして、そういう批判的な問題意識が大変重要であることを強調したいと思います。そのような問題意識は、英語教育を精神の植民地化に陥らせない防波堤の役割を果たすと思います。

しかし、このような問題意識を持っている英語教師というものは、英語を教えるという仕事がとてもやりにくくて仕方がありません。普通は何かを教えるということは、その教えるものが好きである、愛着があるというものです。テニスを教える人はテニスが好きなものです。お茶を教える人はお茶が好きなものです。

ところが私の場合、英語や英語国が癪《しゃく》の種です。あまりにも存在が大きくて強すぎて、気に入らないわけです。でもその気に入らない「危険言語」を教えなければならないのです。とても難儀なことです。

そもそも、大学の一般教養の英語教育の目的を何にするかというのは大変難しい問題であります。しかし、教養教育の目的は、ひとえに「人格形成」であります。これ以外のことは考えられません。学生たちを立派な人間にする、真実を大切にし、善を成し、美を追求する真善美を備えた人間の育成であります。これに異論はないと思います。

しかし、うっかりすると英語教育というのは、アメリカナイゼーションの教育になってしまいます。すると、先ほど話したような「無礼な」アメリカ人のような日本人を大量に作ってしまうことになりかねません。英語教師の教育に対する問題意識が大変大事です。

そもそも「人格形成」に英語は何の関係もありません。英語が出来るからといって、立派な人間になるとは限りません。かえって、悪影響があるかもしれません。アメリカ人のように利己的個人主義者になるかもしれません。だから私は一般教養の英語教育は必要ないと今まで言ってきました。それは今でも変わりません。

私の英語の時間は、英語のテキストを使っていますが、英語そのものは教えていません。英文テキストと翻訳本の両方をテキストにして、学生は二冊の本を読んで、日本語で感想や要旨などを読書ノートに書いています。授業の目的は、テキストをじっくり味わい、人間性の向上を目指す、とシラバスに書きました。

私はこの数年、*Tuesdays with Morrie* というテキストを使っています（注7）。不治の病にかかった大学の先生とその教え子が、先生が亡くなるまでに火曜日に会って、最後の授業をするというドキュメンタリーです。その授業で、二人は「人生の意味」を話し合うのです。

これは学生たちにかなりのインパクトを与えています。不治の病と闘いながら、「生と死」「愛」「家族」「結婚」「文化」「金」など人生における大事なことについて、最後の力を振り絞って語りかけるモリー先生のひとつひとつのことばに学生たちはいつも感動しています。感想を発表するときに、思わず涙を流す学生が何人もいました。

この本の主人公モリー先生は、アメリカの物質主義、拝金主義、成功至上主義を徹底的に否定しています。ナンバーワンを目指すアメリカ人に向かって、モリーは言います。

「二番でいいじゃないか。」

これはだいぶ手前味噌になりますし、そして私の自己本位な教育の仕方かもしれませんが、結構いい時間を共有している気がします。それが彼らの人格形成にどれほど貢献出来るかわかりません。ひょっとしたらこれは私の自己満足に過ぎないかもしれませんし、学生にとっては迷惑な授業かもしれません。

でも、これが私の英語教育なのです。

人格形成のための英語教育ということです。

なにしろ人格がもっとも大切だと思います。それなくしては、知識があろうと情報があろうと、それが生かされないし、逆に悪用されるだけです。さまざまな知識を生かすためにも、人格形成が大事であります。

また、私の実践している英語教育では、教師の役割が大きいということもいえます。教師の人間性が重要なのです。教師がインパクトがあるかどうかということです。私が使っているテキスト *Tuesdays with Morrie* も主人公のモリーが非常にインパクトのある先生だったのです。この本にアメリカの歴史家 Henry Adams の引用があります。それは、"When teacher influences, it affects eternity." というものです。教師の影響力の大きさを物語っている引用です。

おわりに

最後に、国語教育で有名な大村はま先生によると、教育とは「社会の未来を建設する仕事」とあります（注8）。学生たちは、社会の未来を担う存在で、彼ら以外に未来はありません。その未来の世代を、立派な人間に育てるということが教育のそもそもの目的であります。立派な人間といっても大それたことではありません。それは、喜怒哀楽がわかる、みずみずしい感性を持った、人情の機微のわかる、風流と風雅をたしなむ、真善美を備えた存在だと思います。そんな日本人が今消滅しかかっている気がします。英語力をどんなに上げても、こういった人格形成がおろそかになっては真の教育にはならないと思います。ですから、英語力といった小さなそして世俗的な目的にこだわらずに、私は私の問題意識に基づいて私の信ずる人格形成としての英語教育を続けていきたいと思います。

それが私の英語教育であります。

その意味で、日本英文学会関東支部にこの「英語教育・学習研究会」が立ち上がったことは大変重要な意味があると思います。皆さんのこの研究会は、斉藤兆史先生が、現在の会話中心の浅薄な英語教育に憂慮を覚えて、英語教育をもっとまともなものにするために立ち上げたものと理解しています。まさに的を射た理念であり、実践であると思います。この研究会から、英語・英文学の研究を基にして、人格形成に貢献する、地に足が着いた英語教育の理念と実践が数多く出されることを期待したいと思います。

注

1　Tsuda, Y.（2004）"Speaking Against the Hegemony of English" 自主作成ビデオ・DVD

2　Tsuda, Y.（1986）*Language Inequality and Distortion*. John Benjamins Publishing.
3　津田幸男（一九九〇）『英語支配の構造』第三書館
4　津田幸男（二〇〇六）『英語支配とことばの平等』慶應義塾大学出版会
5　『英語支配とことばの平等』第四章参照。
6　Fulbright Scholar Shares his Global Concerns of English（2007）*The San Matean*　3月19日号
7　Albom, M.（1998）*Tuesdays with Morrie: An old man, a young man, and life's greatest lesson*. Anchor Books.
8　大村はま（一九九六）『新編　教えるということ』ちくま学芸文庫

日本英文学会関東支部英語教育・学習研究会講演、二〇〇七年九月

【第六章】英語支配論による「メタ英語教育」のすすめ

日本の英語教育は人格教育になっているか?

私の今日の演題は「英語支配論による「メタ英語教育」のすすめ」です。本日のシンポジウムは「英語教育が目指すべき道を求めて」となっています（注1）。英語教育の進むべき道を考えるときに、やはり英語教育の理念と目的について検討することが必要です。そもそも教育とはいったい何を目指すべきものなのか。このことを常に念頭に入れて考えなければならないと思います。

まず、「英語教育は人格教育になっているか?」ということについて、現在の英語教育の問題点を指摘したいと思います。現在の英語教育の問題点は「実用英語教育」に傾斜しすぎているといえます。たとえば、TOEFLやTOEICといった英語の資格試験がもてはやされています。「話せる英語教育」「役に立つ英語教育」といった「実用英語」が主流になっています。それがなぜいけないのかというと、実用教育だけでは教育の本来の目的が達成できないからです。

このように「実用英語教育」に傾斜してしまったのは、もう何十年もの間、日本の英語教育は「役に立たない」と批判され続けてきたからです。いわく「一〇年やっても話せない」と批判され、それがマスコミにより増幅され、英語教育関係者に突きつけられてきたのです。

一九七五年には国会議員と英語学者の間で「英語教育大論争」が行われ、英語教育の目的と方法について議論が行われました。それまでは「教養英語」が主流でした。その対立軸として「実用英語」が登場して、それ以来「実用英語」は社会的な認知を受け、英語教育は「実用英語」へと大きく傾斜していったといえます。

この「実用英語教育」への傾斜に一層の拍車をかけたのが、英語教育学分野の台頭です。それは実証科学を基にして、英語を効率よく教育する方法を開発しようとする学問です。英語教育学はたちまち従来の「教養英語」を標榜する英米文学研究や英語学と肩を並べる存在になりました。

従来の英米文学研究や英語学は、イギリスやアメリカを偶像化、崇拝するといういわゆる「西洋かぶれ」の学問です。これは日本人に不要な西洋コンプレックスを抱かせている元凶であります。

しかし、英語教育学にも問題があります。それは、「英語力を向上させる」ということだけにすべての関心が集まっている点です。ほかの問題を見ていないのです。これは「英語かぶれ」「英語オタク」を生み出しているだけです。それは、本来の教育というものとは程遠く、「英語力向上エンジニアリング」といったものに陥っています。

英米文学研究・英語学も英語教育学も、果たして人を育てようとしているでしょうか。私にはそのようには見えません。せいぜい「西洋かぶれ」や「英語オタク」を生み出しているだけです。

そして、この「実用英語」への傾斜は、日本の英語教育政策にもはっきりと現れています。文部科学省は、小学校に英語教育を導入し、そしてさらに「英語が使える日本人の育成のための戦略構想と行動計画」なるものを発表し、「実用英語」をさらに推し進める政策を打ち出しています。

しかし、このような「実用英語教育」がはたして英語教育の本来の目的でしょうか？　「実用英語教育」には私は功利主義の臭いを強く感じます。「すぐに役立つ」「得をするからやる」という考えが底に流れているように思えます。これは利己主義を増幅させます。静岡大学の三浦孝教授は文部科学省の「英語が使える日本人」構想を批判して、それは「打算とあせりの英語教育」であるといっています（注２）。英語をやると得をするからという「打算」と、グローバル化に遅れをとってはいけないという「あせり」から、このような強引な構想と計画を打ち出したのです。「打算とあせり」に駆り立てられた功利主義的な教育から、果たしてまともな立派な人間が育つでしょうか？

教育の根本は、人を育てること、人の人格の成長を支援することであります。英語教育も例外であってはいけません。ここで皆さんにひとつお聞きしたい。英語力を高めることは果たして私たちの人格を高めるでしょうか？　もしその答えがＹｅｓならば、英語のネイティブ・スピーカーは生まれながらに人格が高いということになります。そんなはずはありません。このことからも、実用的な英語力を高めることを英語教育の目的にすることには大きな疑問がありますし、文部科学省が政策としてそれを推し進めているのはさらに大きな問題です。

私は、英語教育においても人格教育をなすことが重要だと考えています。英語力を高めることを目的にするのではなく、英語を学びながらも、英語を学ぶことを超えて、人格を高めることを目指すことが大事だと考えます。それが私の提唱する「メタ英語教育」です。「メタ」とは「超えること」、すなわち「英語を学ぶことを超える教育」です。

現在世界中でもっとも大きな問題は「モラルの後退・衰退」であることは多くの人が指摘していることです。こういう現状からも、人格教育の必要性は高く、英語教育は「実用英語」教育を脱皮して、人格教育を中心としなければならないと私は考えます。

モラルなき国際コミュニケーション

「モラルの衰退」と関連して、「モラルなき国際コミュニケーション」について述べたいと思います。現在の国際コミュニケーションでは、英語がしばしば共通語、公用語として使われています。そのことが当たり前になっています。これはいかがなものでしょう。私はこれを「英語支配のモラルなき国際コミュニケーション」と呼んでいます。

現状では英語のネイティブ・スピーカーや英語を第二言語とする人々が圧倒的に有利です。英語を母語としない私たち日本人にとっては大変不利な状況です。もちろん、ほかの非英語圏の人々にとっても非常に不利な状況です。

このように、現在の国際コミュニケーションは英語中心の「英語支配」、「英語の一言語独裁」が横行しています。英語のネイティブ・スピーカーや第二言語話者は自由に発言、表現できるのに対して、英語を母語としない人々はその発言、表現が制限されています。コミュニケーションの不平等が存在しているのです。

最近の具体例をあげますと、一九九九年のことですが、欧州評議会の人権に関する会議に出席していたスイス人は次のように証言しています。

英語を話さないと、まじめに受け止めてくれないことがたびたびあった。英語を話さないとだれも関心を持ってくれないのです。英語はいまや権力の言語です（注3）。

英語を話さないと無視されてしまう。これが現在の国際コミュニケーションの現実なのです。多言語主義で知られるヨーロッパでさえ、英語支配の勢いはすさまじいことを物語っています。

英語を話さないと無視されてしまうのならば、英語が話せるようになればいいのではないかとほとんどの人は考えるでしょうが、私はそうは思いません。なぜなら、たとえ英語で参加しても、ネイティブ・スピーカーのように英語がうまくなければ、無視されたり、意見が認められなかったりするからです。しかも、英語を使うことにより、英語支配の不公平なコミュニケーションを認めてしまうことになります。英語支配の共犯者になってしまいます。

このように、現在の国際コミュニケーションは明らかに不平等で差別的です。英語を母語とする者、英語エリートにとってのみ都合のよい構造になっています。まさに「モラルなき国際コミュニケーション」なのです。

これに対して異議申し立てをしているのが「英語支配論」「英語帝国主義論」を展開している少数の学者のみであります（注4）。「ことばの平等」「コミュニケーションの平等」というのは、文明社会の基盤でありますす。私たち人類はまだそういった基礎的なモラルさえ築いていない幼稚な段階にいるようです。ことばとコミュニケーションの平等を築こうというモラルをまだ持っていないのです。

英語支配という構造的不平等を放置したまま、英語のネイティブ・スピーカーや英語エリートたちは自分の利権の上にあぐらをかいています。英語教育を世界中に輸出して利益を上げています。「ことばとコミュニケーションの平等」、「人間の平等」という崇高なモラルを追求していません。まさに「モラルなき国際コミュニケーション」と私が呼ぶ所以がここにあります。

英語支配—不平等な慣習と英語崇拝言説

ところが、この「英語支配のモラルなき国際コミュニケーション」をどうにか解決しようという動きはなく、それをさらに強化しようという力のほうが強いのが現実であります。それを、「英語支配という不平等な慣習の拡散」と、「英語崇拝言説」というふたつの面から話したいと思います。

まず第一に、英語を使うことが国際的慣習として広がっており、それにより生じている不平等や差別が認識されていないという事実です。大英帝国とアメリカ帝国の支配により英語支配が生まれ、いま英語が世界に押しつけられています。しかし、その善悪を問わずに、英語を使うという習慣が国際的に慣習化しています。これが英語支配という状況をさらに強めているといえます。世界中の人々が、英語支配によりもたらされる不平等を感知せずに、あるいは感知しながらも英語を使っているのです。そして使えば使うほどそれは慣習化し、制度化し、英語支配は自然なものとして受け入れられてしまっているのです。

これは喫煙の問題と似ています。一昔前まではタバコを吸う人はどこでも吸っていたものです。まわりの空気を汚染したり、周りの人の健康を害しながらです。悪い慣習が固定化していたわけです。しかし、だれもそれが悪い慣習などとは思っていませんでした。喫煙は当たり前の慣習として受け入れられていました。それが不公平な悪い慣習だとわかるまでには長い時間がかかったのです。

いま「英語を使う」ということが当たり前になっていますが、それは本当に妥当な、公平な、フェアな慣習でしょうか。私はそうは思いません。それは「ことばの不平等」「言語差別」を推し進める悪い慣習です。しかし、現在それが国際的慣習として固定化してあたかも正しい制度のようになっていることが英語支配をさらに強めているといえます。

もうひとつ、現在の英語支配を強めている力が、「英語崇拝言説」というものです。これは英語圏に見られるばかりでなく、非英語圏において一層強く見られます。「英語は国際語である」とか「英語がうまくなければならない」とか「英語のおかげである」といった「英語崇拝」が非英語圏、特にアジア諸国において強く見られます。

韓国ではすでに小学校で英語が正式科目となっていますし、英語公用語論も日本よりも数年早く出ています。英語の発音が良くなるように、子どもの舌を手術させる親がいるという報道もありました。そして、子どもの出産をアメリカで行うという韓国人も少なからずいるそうです。アメリカの国籍を得ようとするためです。「英語崇拝」にとどまらず「アメリカ崇拝」にとりつかれているといえます。

中国でも英語熱はすさまじいものがあります。その様子は「クレージー・イングリッシュ」という映画に記録されています（注5）。英語教育のカリスマ教師がスタジアムに集まった何万人もの中国人に、「金持ちになりたかったら、英語を大声で叫べ！」と言って、英語学習を煽っています。もちろん、このような英語熱は、中国社会の資本主義化と密接につながっています。北京オリンピックを控えて中国の「英語崇拝」はますます増幅すると思います。

日本についてはもう言うまでもありません。英語産業全体の年間の総売上が五兆円にものぼることからもうかがえます。小学校の英語教育導入は「児童英語教育」という新しい英会話ビジネスを確立させました。英語産業は大喜びでしょう。日本では「ゆりかごから墓場まで」「英語崇拝」に浮かれる状況になっています。

英語支配は確かに英語圏の人々が推し進めています。しかし同時に私たち日本人のような非英語圏の人間が「英語崇拝」言説により英語支配を強めているともいえます。そして、「英語力向上エンジニアリング」の英語教育は「英語崇拝」と「英語ができなければならない」という強迫観念をより一層強めています。英語支配はこのように構造的に強化され固定化しているといえます。

英語支配への抵抗 ―「英語教育の無償化」と「英語税」

それでは、この英語支配に対する対抗手段はないのか。それにはまず英語支配を国際問題として取り上げ、「コミュニケーションの平等」を推し進める新しい理念や仕組みを打ち立てなければなりません。その観点から四つの提案をしたいと思います。

まず、「**英語教育の全面的無償化**」です。英語教育を無料にせよということです。日本人が日本の国語である日本語を学ぶときお金を払いません。それと同様に、英語が世界の共通語であるというならば、それを学ぶのも無料にすべきです。その資金源ですが、英語支配で得をしているのは英語国です。ですから、英語教育にかかる費用は全部アメリカをはじめとする英語国が負担すべきです。

二つ目は「**英語税**」**の導入**です。国際コミュニケーションで使われる英語に課税するというものです。「英語税」により、英語の濫用を防ごうという狙いです。英語は富めるものの言語ですので、課税をするのは当然で、集まった資金は国際的な諸問題の解決に使うといいと思います。国際金融取引に課税する「トービン税」（注6）がすでに実施されていますし、国連では電子メールに課税する「インターネット税」が提案されています。コミュニケーションの不平等の是正のために「英語税」の実施は当然です。

三つ目は、**国際コミュニケーションでは必ず外国語を使うという習慣の確立**です。これは、英語を使うことが慣習になっている現在の状況を改善するための提案です。世界のだれもが外国語を使うことによって平等な負担、平等な言語的ハンディキャップを担うというのが狙いです。また、現在言語的なハンディキャップのない英語のネイティブ・スピーカーや英語エリートたちの「英語中心主義」の姿勢を変更させるためです。

四つ目は、**母語主義の確立**です。いたずらに英語を使うというのではなく、自分の母語を使うことにより「言語権」（注7）や言語文化の保存を目指すという考えです。日本人は日本にいても外国人には英語で話そうとしますがこれは誤りです。日本語を軽視しています。日本語を軽視する外国人に迎合しています。そしてその結果、英語支配を強めています。日本ではまず日本語を使うべきです。そして、英語教育でもこの考えに沿って、「日本にいるときは日本語を話しなさい」と教えるべきです。英語は海外で使えばよいのです。

英語は利己主義と帝国意識を増幅させる

英語支配はいまや私たちのモラルが問われる人権問題であり、環境問題です。英語支配は、英語以外の言語を母語とする人々の基本的人権である「言語権」を侵害しています。そして、世界のことばのエコロジーを乱して、無数の「消滅に瀕する言語」（注8）を生み出している環境問題でもあります。

言語は私たちにとって基本的人権です。言語はまた私たちの貴重な環境でもあります。人権問題も環境問題も私たちの高いモラルなしには解決できません。

高いモラルを持った人間を育てるのではなく、ただ英語力の向上に現《うつつ》を抜かす英語教育は英語支配と共犯関係にあるといわざるを得ません。現在の英語教育は英語支配による不平等を強める装置になっているのです。先ほど述べたタバコの例にたとえるならば、いまの英語教育は喫煙者を増やそうとする教育になっています。それでは「モラルなき国際コミュニケーション」を悪化させるだけです。それどころか、英語は個人の利己的、世俗的利益と密接につながっています。出世や国際的な権威、名声とつながっており、それは利己主義を増幅させる言語です。利己主義が集団化したものが「自民族中心主義」です。そしてそれがさらに権力化したものが帝国主義です。歴史的に見て、英語支配は、個人の利己主義、集団の自民族中心主義、そして英語国家による帝国主義により形成されてきたといえます。そのような意識を持っている英語のネイティブ・スピーカーや英語エリートは星の数ほどいます。その証拠に、彼らは英語以外の言語を話そうとしません。英語支配の加害者であるという自覚がありません。

そして、私たち日本人の問題は、英語を学んだがために、知らず知らずのうちに彼らと同一化して、利己主義や自民族中心主義や帝国主義を身につけてしまうということです。皆さんの中にも、英語がうまい人が多いと思いますが、それで自分が少し偉くなったような気分になったことがあるのではないでしょうか。それが、英語による「帝国意識」というものです。英語により「名誉白人」になったような気分になるのです。

「実用英語教育」は「名誉白人」を生み出す

しかし、利己主義、自民族中心主義、帝国主義はすべて紛争と戦争の原因になります。教育の目的はこれらとはまったく逆の価値とモラルを目指すことです。つまり、利己主義でなく利他主義を、自民族中心主義ではなく他民族との共存を、帝国主義ではなく平等な国際共同体社会を目指さなければなりません。

そのために英語教育はどうあるべきかを考えるときに、現在の実用に著しく傾斜した英語教育が、利他主義や他民族との共存や平等な国際共同体社会の建設に貢献できるでしょうか？

私は何も英語を悪者にして、すべての責任をなすりつけようなどとは思っていません。英語は科学技術の発達やシェークスピアの文学にあるような文芸の発展にも貢献している立派な言語であります。しかしながら、英語は歴史的に言って、侵略者の言語であり、帝国主義の言語であり、資本主義の言語であり、それゆえに利己主義と深く結びついた言語であることも否定できません。英語を「殺人者の言語」という学者もいます。英語支配により絶滅した言語は夥しい数にのぼるからです。

英語教育は、このきわめて危険な言語を教える仕事なのです。十分な警戒と準備と研究が必要です。

たんに実用的な英語を教えていては、それは利己的で、侵略的で、帝国意識に染まった「名誉白人」を生み出すことになってしまいます。「名誉白人」になってしまえば、英語支配のことも気にしなくなり、差別や不平等に無頓着になってしまいます。白人に同一化することや自分の利益を増やすことばかり考えるモラルのない人間になってしまいます。いまの英語教育はこのような人間を大量に生み出す危険性を持っているのです。そのことを英語教育者はまず認識しなければならないと思います。

そして、政策として「実用英語教育」を振興している文部科学省もこの点を認識して、政策の練り直しをすべきだと考えます。

メタ英語教育で「普遍的価値とモラル」を教える

それを踏まえて、私は「メタ英語教育」をすすめたいと思います。「英語を教えること学ぶことを超越する教育」です。英語力の向上を目標とするのではなく、高いモラルを身につけた人格の形成を目指す教育です。

「メタ英語教育」は今回のシンポジウムのために着想したもので、まだこれから研究が必要です。いま考えていることを少しだけ話します。

「メタ英語教育」の目標は人格形成であることを考えると、その中味はすべて「普遍的な価値とモラル」にしたいと思います。「普遍的な価値とモラル」とは人類共通の価値・モラルのことで人間が本当に人間らしく生きられるための価値です。まだ私はそれほど研究していないのですべてはいえませんが、まず真善美の価値、自由と平等と平和それに勇気、正直、信頼、思いやり、謙虚、礼節、人情、慈悲そして愛などの価値とモラルが挙げられると思います。

その中でも特に「利他的価値」と「エコロジカルな価値」が重要だと考えます。なぜなら、利己主義にとらわれている限りは人間は動物的ですが、利他主義に目覚めてそれを実践するときに人間は真に人間的になれるからです。

「エコロジカルな価値」とは、「環境保存や自然との共存を目指す生き方」をさします。動物や植物と同様に言語と文化も急速に消滅しています。環境問題が深刻化している現在、「エコロジカルな価値」を教えることは重要です。「エコロジカルな価値」は皆アルファベットのSで始まります。すなわち、'small,' 'slow,' 'simple,' 'silent' そして最後は日本語で「節度」です。あるエコロジストは「文化とは節度のシステム」であるといっています(注8)。日本の伝統文化は節度を重んじ、もともとエコロジカルであったと思います。「もったいない」という日本的価値がいまや世界で認められています。

「メタ英語教育」は、「利他的価値」「エコロジカルな価値」「普遍的価値」を身につけた人間を育てることを目標とします。たとえ英語が一言も話せなくともこのような価値とモラルを身に付けた人間はきっと社会に大きく貢献すると私は信じております。

「メタ英語教育」の実践に欠かせないのがこの考えに共感する教師です。教育に対して高い理想と深い情熱をしっかりと抱いている教師が必要です。教師という仕事を通して自分の人格をできる限り高めようとする自覚を持ち、利他的精神と普遍的価値で人間を育てようとする心意気を持っている教師が必要です。自分に対して常に高い要求を突きつけ自己の研鑽に努める「高貴なる精神」をもった教師が教育には必要なのです。必要なのは技術でも知識でもなく、「高貴なる精神」なのです。文部科学省が何を言おうと、世間が何を言おうと、普遍的な価値を土台として自分の信念を貫く骨太なモラルを持った教師が必要です。教師がそのような姿を見せる。それこそが教育なのではないでしょうか。それが「メタ英語教育」の目指すところです。

結び

現在、世界の言語は急速に消滅しています。そして世界は急速に「英語化」しています。英語支配は英語中心の不平等な社会を広げています。残念ながら現在の英語教育はこれを助長し、加担する装置となっています。英語教育関係者はこのことをまず認識すべきではないでしょうか。

私の提案する「メタ英語教育」は、「実用」に傾斜し過ぎた現在の「打算とあせり」にまみれた実用中心の英語教育政策を反省し、教育の原点に立ち返り、より普遍的な教育政策に転換すべきであると考えます。さらに、英語支配によるコミュニケーションの不平等を是正するための国際的な取り組みが緊急に求められていることも指摘しておきたいと思います。

注

1　英語教育公開シンポジウム「英語教育が目指すべき道を求めて—英語教育政策を考える」二〇〇五年一二月一〇日、慶應義塾大学三田キャンパス

2　三浦孝（二〇〇四）「「戦略構想」と英語教育が取るべき道」（『英語教育』一月号、大修館書店）

3　Phillipson, R. (2003) *English-only Europe? : Challenging Language Policy*. London: Routledge.

4　英語支配論には、津田（一九九〇）『英語支配の構造』（第三書館）、津田（二〇〇三）『英語支配とは何か』（明石書店）、津田（二〇〇五）『言語・情報・文化の英語支配』（明石書店）のほかに、大石俊一（一九九〇）『「英語」イデオロギーを問う』（開文社出版）、中村敬（一九八九）『英語はどんな言語か』（三省堂）、Phillipson, R. (1992) *Linguistic Imperialism*, Oxford University Press などがある。

5　映画「クレージー・イングリッシュ」（一九九九）アップリンク

6　「トービン税」はノーベル経済学賞を受賞した James Tobin が発案した税制で、貧富の格差を是正するために、投機的な国際金融取引に対して課税し、それを貧しい国に再分配しようという国際課税制度である。

7　鈴木敏和（二〇〇〇）『言語権の構造』（成文堂）によると、「明確な形で言語権を基本法上の規定で保障したのはカナダであった」（三頁）ということで、カナダではじめて法律により英語とフランス語の平等を規定したのが一八六七年であった。「言語権」は、基本的に「母語（第一言語）を使う権利」と私は考えている。

8　「消滅に瀕する言語」は「危機言語」とも呼ばれ、最近はその記録を中心とした研究が盛んである。宮岡伯人、崎山理編（二〇〇二）『消滅の危機に瀕した世界の言語』（明石書店）やダニエル・ネトル、スザンヌ・ロメイ

ン（島村宣男訳）（二〇〇一）『消えゆく言語たち』（新曜社）が参考になる。

9　辻信一（二〇〇一）『スロー・イズ・ビューティフル』平凡社

初出：大津由紀雄編著（二〇〇六）『日本の英語教育に必要なこと』慶應義塾大学出版会、七〇〜八八頁、一部改変

【第七章】
人格形成のための教育
——私の理念と実践

はじめに

私の教育はひと言でいって「人格形成のための教育」といえます。「人格」などを持ち出すと、本人はよっぽどの人格者でなければならないのですが、それは棚に上げておいて、とにかく学生たちの「人格形成」に役立つような教育にしなければならないと常に思っています。

なぜ私は「人格形成」を中心にした教育をしているのか、そしてそれをそれぞれの担当科目でどう実行しているのかをここで紹介したいと思います。

「個性」ではなく「人格」が重要

まず、「人格形成のための教育」とはどんなものなのかについて話したいと思います。

「人格」とは「高いモラルを持っていること」と私は考えています。「モラル」とは善悪の判断を正しく出来ることをはじめ、自分を律し、社会や国家という「公」への奉仕の精神を持ち、そして真善美の理想を追求する精神を持っていることをさします。「教養がある」というのは、要するにこのような「高いモラル」、「人格」を備えていることをさします。

現代ではしばしば「個性を伸ばす教育」が叫ばれていますが、私は反対です。これは夏目漱石も言っていることですが、「人格の支配を受けていない個性」というものは、モラルを破り、暴走しがちになります。「個性」とは所詮「私」であり、「個性を伸ばす」となると、「私」がのさばってしまい、ただ単なるわがままが横行して、モラルが育たないことになります。これでは「私中心主義」を促す教育になってしまいます。しかし残念ながら、現在の教育には、このような傾向が強くあり、本当の意味で人間を育てていません。

ですから、「個性を伸ばす」のではなく、「人格形成」に役立つ教育が重要なのです。

「知識・情報」ではなく「モラル」が重要

現代の教育のもうひとつの特徴は「知識・情報偏重」であることです。これも大きな問題です。「知識・情報」のみでは人格は育ちません。現代では「学問」が「知識・情報」の獲得のみという狭いものになっています。「人格」があってこそ「知識・情報」が生かされることはいうまでもありません。

これは「学問」の側に問題があります。最近学問分野の過剰な細分化が進んでおり、ある小さな現象のみを対象とする学者が増えています。すると、学問が、その狭い分野の専門用語をマスターするということのみに陥り、広い視野を持てなくなってしまいます。

大学教育では、そのような専門家が教えるので、教育の内容も雰囲気も「知識・情報」に偏ってしまうのです。そして学生たちも錯覚して専門の「知識・情報」を学ぶことが学問だと思ってしまいます。しかしこれらの「知識・情報」は「人格」を育てるわけではないので、現在の大学教育は肝心なところが抜けてしまっているのです。

「人格形成のための教育」の条件

それでは「人格形成のための教育」はいったいどうすればよいのでしょうか。「個性」を伸ばすのでもなく、「知識・情報」を伝えるのでもない教育とは、具体的にはどんなことをするのでしょうか。「人格形成のための教育」を考える上で、次の三つの要素が重要です。それは、

一、教師
二、教材
三、教室

です。

それぞれについて説明を加えたいと思います。

一、教師：人格教育への情熱を持ち、常に研究を持続する。教室の雰囲気を作る、変える力を持っている。

「人格教育」への情熱なくしては「人格教育」はありえません。「教育とは人格形成のためにあるのだ」と強く思い、そのために努力する教師でなければなりません。

「教室の雰囲気を作る、変える力」とは、教師の持っているオーラというか人としての雰囲気です。教師が教室に入ったとたんに、教室に「学びの雰囲気」が立ち込めるというのが理想です。それには教師の情熱と気合が必要です。私の場合、教室に出かける前、研究室で精神統一してから出かけます。

まるで格闘技の選手のようなものですが、それに近いといえます。数十人、あるいは一〇〇人以上の若者を相手にするのですから、数の多さに圧倒されないためにも気合と情熱が要ります。これがなくなったら、教師を辞めるときだと自分に言い聞かせています。

二、教材：「人はいかに生きるべきか？」を考えさせる、問題意識を持たせる内容のものにする。

「科目によっては、それは無理だ」と考える人がいるかもしれませんが、私はそうは思いません。理科であろうと、体育であろうと、美術であろうとすべて「人格形成」につなげるべきです。

理科の先生はかならず科学者を取り上げ、その人生を教えるべきです。野口英世でもよいし、キュリー夫人でもいいのです。体育では、相撲を取り上げれば、神道と日本の国づくりの話に必然的になります。剣道の話をすれば、おのずと武士道の話になり、「人格形成」に役立ちます。

ましてや国語教育は「人格形成」の宝庫です。文学自体が「人格形成の教科書」だからです。そのなかでも、私は「偉人伝」を読ませることをすすめます。なぜなら「偉人伝」は生徒たちに人の生き方の「理想型」を与えるからです。進むべき目標を与えるからです。「あの人のようになりたい！」こう思いながら、人生を歩むことは何よりの「人格形成」になるからです。

三、教室：「人格形成」にふさわしい雰囲気があるべき。「和」の雰囲気を教室に盛り込むべき。立派な教壇と教卓は必須。

教師も生徒も気持ちが高揚するような、すがすがしい気持ちになるような教室がのぞましい。人間というのははなはだ環境に左右されるもので、環境が良いと人間的にも成長するものです。同じことが教育にも当てはまり、良い雰囲気の教室にいるとそれだけで生徒たちは心豊かに成長するものです。日本の大学はもちろん高校、中学、小学校の教室はひとことでいうと「殺風景」あるいは「無味乾燥」です。なぜそんな教室なのかというと、教育の理念が「人格形成」でなく、「知識・情報」に偏っているからです。情報教育や英語教育に偏りすぎているから、コンピューター設備のある教室を増やして、ますます教室を「無味乾燥」にしています。情けない限りです。肝心なのは「情報」ではなく「情操」です。

教室の雰囲気は日本の歴史と伝統を感じさせる演出が欲しいものです。そして、各大学、高校、中学、小学校にはかならず「和室」を最低一つは設けるべきです。座禅が出来るように「瞑想室」も作るべきです。今の学校はあまりにも「和」の要素がなさすぎます。これでは生徒たちは日本の歴史と伝統から断絶してしまいます。

「立派な教壇と教卓が必須」と書いたのは、教師は権威ある立場であり、かつ責任ある立場だからです。ですから、一段高いところから、責任をもって教えなければならないのです。教師と生徒は平等だなどという人がいますが、間違っています。そういう意見が強くなって、教壇が取り除かれてしまい、教師の権威が低められたために、現在、学級崩壊やいじめの問題が噴出しているのです。教室の責任者としての教師に権威と責任の両方を与えるために、立派な教壇と教卓が絶対に必要なのです。

この三つの要素は教育の最も重要な土台であると私は考えます。この三要素の質を高めることが、より良い「人格形成」のための教育につながるはずです。

私の授業

それでは、私が現在筑波大学において担当している授業について紹介します。担当科目は「グローバル・コミュニケーション論」、「英語教育論」、「英語科教育概説Ⅰ」、共通科目「英語」、そして、大学院の「国際言語文化政策論」(ここでは触れません) です。

(一)「グローバル・コミュニケーション論」: 映像教材で問題意識をかきたてる

国際総合学類の専門基礎科目として開講している「グローバル・コミュニケーション論」は毎年一〇〇名以上の受講者があり、大教室で講義を行なっています。

まず、このような多数の講義でも、全て座席指定にしています。それは「教室」の雰囲気をピリッとしたものにするためです。大人数の学生が講義室のあちこちにバラバラに座っていると教室全体がだらけた雰囲気になってしまうので、座席指定にして教室全体が整然とした雰囲気になるようにしています。しかも、座席はひとつおきに指定しているので、学生は私語などは出来ません。事実これはかなり効果があります。また、誰がどこにいるかもわかるので、出欠確認もすぐできますし、学生に質問の指名をすることも出来ます。大講義室でも対話形式の講義が可能になるのです。そして、学生の受講マナー向上にも大きな効果があります。

さて、「教室」の環境を整えたら、次は「教材」です。この講義は二コマ続きなので、はじめのコマはその日のテーマに直結したビデオ教材を見せます。本講義のテーマは「グローバル化」時代における言語・文化・情報・コミュニケーションの諸問題を理解することです。たとえば、「英語支配」というテーマに関しては、私が自前で作った英語講義のビデオを見せます。そして、ビデオを見せる前に、黒板にビデオの内容に関する質問をいくつか書いておいて、ビデオを見ながら解答するようにという指示を出しておきます。ただ漫然とビデオを見るのではなく、考えながら、解答しながらビデオを見るように仕向けるのです。

ビデオ視聴後は、質問に解答させながら、その日のテーマの講義を展開していきます。

しかし、最近は逆の順序で講義を進めています。つまり、はじめに講義を行ない、その講義の理解を補うために、後半でビデオを視て、さらに理解を深めるという手順です。

「グローバル・コミュニケーション論」では、グローバル化の進展による「影」の部分である差別、偏見、不平等、格差の問題をテーマとして取り上げています。特に「英語支配」と「消滅に瀕する言語」の問題には多くの時間を費やしています。これらの問題を学ぶことにより、少数言語やコミュニケーション弱者の立場が理解できる「人格」を身につけてもらえればと願っています。

(二)「英語教育論」「英語科教育概説Ⅰ」：新しい目的意識を持った英語教師の育成

英語教育論は教職科目の英語科教育概説Ⅰと合併で開講しており、毎年合計で四〇名ほどの受講者がいます。将来は英語教師になろうと希望している学生たちが受講しています。

この講義で私は次の二点を強調しています。

①言語の技術教育ではない人格形成のための英語教育を目指す。

英語教育はややもすると言語技術教育に陥りがちですが、言語とはそもそも人間を人間たらしめているものであることを考えると、言語教育が技術教育で済むはずがありません。「人格形成」につながるような厚みのある内容の英語教育を目指すべきであるし、それが出来る教師を目指せと激励しています。

②アメリカナイゼーションに陥らない英語教育を目指す。

英語教育は、うっかりするとアメリカやイギリス等を礼賛する教育に陥りがちです。英語や欧米に対するコンプレックスや従属観を植え付けることになりかねません。まず英語教師を志望する学生たちがこれらの点について問題意識を持ち、日本人のアイデンティティを大事にするような英語教育のあり方をイメージできるよう講義を通してアドバイスしています。

教師を目指す学生たちが、ありきたりな先生ではなく、「人格形成」に貢献できるような、そして「アメリカナイゼーション」を突破できるような英語教師に成長することを願って、一年間の講義を私自身も頑張ってやっています。

(三) 共通科目「英語」:「いかに生きるべきか」を考える―「対訳本」の活用

(一)「英語教育論」「英語科教育概説Ⅰ」ですでに述べたように、「人格形成のための英語教育」が私の目指すものなので、この科目でもそれを実践しています。

この目的のために、この数年 *Tuesdays with Morrie*(『モリー先生との火曜日』)を翻訳本と共にテキストにしています(注1)。これは不治の病にかかった大学の先生とその昔の教え子が毎週火曜日に会って、先生が亡くなるまで人生のさまざまなテーマ:「生と死」「愛」「家族」「結婚」「文化」「金」等について話し合い、「人生の意味」を探求するというドキュメンタリーです。モリー先生はアメリカのブランダイス大学の社会心理学の先生で実在の人物であり、教え子のミッチ・アルバムがこの本の著者です。そしてこの本は二人の対話の記録です。

死ぬ間際にモリー先生は言います。

"Death ends a life, but not a relationship."（死で命は終わるが、つながりは終わらない。）

"Once you learn how to die, you learn how to live."（死がわかれば、生がわかる。）

そして人生の目的については、"Devote yourself to loving others."（人を愛することに捧げよ。）と言い切るのです。

全編がこのような内容で、一つ一つの章が考えさせられるものばかりです。これを読みながら、学生たちは「読書ノート」を作っていき、各章の「要旨」「印象に残った表現」「日英比較」そして「感想」を書き込んでいきます。授業では、ノートの内容を発表してもらいます。

「読書ノート」を書くのは大変なようですが、大学に入って、これからの人生について色々と考えるこの時期にこの本に取り組むのは、彼らの「人格形成」に大きな影響を与えると思います。そして一年経つと二〇〇ページ近くあるペーパーバックを読み終えているのです。英語が苦手な学生も少しは自信をつけるのではないかと思います。

これに加えて、最近は『日本人のこころ』という日英対訳本をテキストにして教えています（注2）。この本は、日本の代表的な価値――「和」「道」「徳」「情」「美」――など一〇〇項目を取り上げ、日本語と英語で一～二頁にまとめたものです。どの解説も短いですが、簡潔に、しかも的を射たまとめ方をしているので、日本文化を学ぶのに大変役に立ちます。

平成生まれの学生たちにとって、このテキストに書かれている「日本的価値」は聞いたこともないようなものが多いかもしれません。だからこそ、学ぶ価値があるといえます。若者に限らず、今の日本人は日本を知らな過ぎます。ですから、こういうテキストを通じて日本を知ることは、彼らの「人格形成」にきっと良い影響を与えるに違いありません。しかも「日本的価値」を英語で学ぶことにより、「日本的価値」をより客観的に知ることが出来、それにより日本人と日本文化のすばらしさ、奥深さをより鮮明に知ることが出来るのではないでしょうか。

終わりに

「人格形成のための教育」などと大言壮語した感がありますが、教育とはやはり人を育てるものだと思います。学生たちの人間性向上、しっかりとしたモラルの土台を築けるように導くのが私たち教師の仕事であると信じています。これをやり通すのは教える側の情熱と使命感が必須です。それを持ち続けられる限りは、私は教壇に立てるのではないかと思っています。

注

1 Albom, M. (1998) *Tuesdays with Morrie: An Old Man, a Young Man, and Life's Greatest Lesson*, Chicago: Anchor Books.

2 山久瀬洋二（マイケル・クーニー訳）（二〇一一）『日本人のこころ』対訳ニッポン双書、ＩＢＣパブリッシング

初出：『筑波フォーラム』第七九号、二〇〇八年三月、一部改変

第三部
学際言語学ミニ講義録

〔第三部概要〕

二〇一〇年の夏ごろだったと思いますが、勤務する筑波大学大学院人文社会科学研究科に学生たちとの研究会「学際言語学研究会」を立ち上げました。中心になったのは、私と同じ研究科現代語・現代文化専攻言語情報分野に所属する数名の教員と、その研究室に属する大学院生数名でした。これに関連分野である文芸・言語専攻の学生たちが加わり、月に一回程度の研究会を開くこととしました。

この研究会を「学際言語学」と命名したのは、従来の言語学とは異なり、幅広く多角的な視点から言語を研究するという考えからで、そういう研究を志向する教員と学生が集まり、研究発表を行い活発な議論を展開しました。

この第三部は、毎回の研究会の冒頭に、私が「学際言語学小咄」と題して一〇～一五分くらいで話した内容を活字にしたものです。特定の研究テーマではなく、「学問」や「生き方」について、私の考えを肩のこらないことばで気楽に話したつもりです。学生たちの、学者として、そして人間としての精神的成長に役立てばという思いからの話でした。ただし、学生たちはキョトンとした感じで聞いていましたが。

この「小咄」（ここでは「ミニ講義」としましたが）が正式な学問を志す人や教育に携わる人たちに何かのヒントになれば幸いです。人に大きな影響を与えるのは講義や著書ではなく、「ちょっとした一言」や「立ち話」だったりしますので（ついでながら、「学際言語学研究会」は現在休止中です）。

ミニ講義① 「楽しい言語学」と「苦しい言語学」

世の中にはどうやら「面白い言語学」と「つまらない言語学」があるらしい。あるいは「楽しい言語学」と「苦しい言語学」があるらしい。

それでは一体どんな言語学が面白くて楽しく、そしてどんな言語学がつまらなくて苦しいのか。今日はそんなお話をしてみたいと思います。

こんな話をしようと思ったのは、東京大学名誉教授の言語学者、柴田武氏の書いた『日本語はおもしろい』という岩波新書を読んだのがきっかけでした。

この『日本語はおもしろい』という本の冒頭で柴田氏は、日本語を研究するのは「たのしい」「おもしろい」と言っています。しかし、そういったあとで、柴田氏は次のように言います。

「世にはマクロな言語問題がいくつもある。抑圧された少数派民族の言語問題は日本国内にもあるが、それをどうするか、百万人以上の学習者を持つばかりに「おぞましい」とでもいうべき変なことばも受け入れなければなるまいが、そういう日本語をこれからどう持ちこたえていくか、外来語の受け入れのコントロール、皇室敬語を含む敬語一般の簡素化、漢字にまつわる正書法の確立など、広い意味での国語政策、言語計画についてのことは、ここにとりあげてい

ない。それらは、多く、たのしいことというより、苦しいことである。」（傍線筆者）（注1）

こういって、柴田氏は、この本で「たのしい日本語の話題」について話を進めていきます。

この柴田氏のことばは、英語支配を中心にしてまさに言語差別や不平等などの「苦しくて楽しくない研究」を続けてきた私には、一つの啓示を与えてくれることばであります。

「そうか私がやってきた言語研究は「苦しく、つらい」ものなんだ。楽しくなんかない。面白くもない。そういうものだったのだ。だから私が時々というかしばしば非常に不機嫌になったりするのは当たり前のことなんだ。楽しくない、苦しいことをずっとやっているんだもの。」

私はまるで自分を慰めるような気持ちで、柴田氏が書いた一節を何度も何度も読み返しました。

「楽しい言語学」と「苦しい言語学」の価値

それでは、「苦しい言語学」は、楽しくないのだから避けるべきでしょうか？　私たちは楽しい人生を送るために、「楽しい言語学」をやっていれば良いのでしょうか？

また、「苦しい言語学」は、ある種の覚悟が必要だと思います。なぜなら、「苦しい言語学」とは、言語が作り上げた差別、偏見、不平等、格差といった社会問題と直面しなければならないからです。

そうした社会問題に対して、自分なりのきちんとした価値観がなければ「苦しい言語学」をやってはいけないでしょう。

いわば、「楽しい言語学」が、言語が生み出した「光」の部分を扱うとしたら、「苦しい言語学」は言語の作り出す「影」を扱うものといえます。だれしも、「影」よりも「光」を追い求めるのは仕方のないことかもしれません。

しかし、言語学者がすべて「苦しい言語学」という「影」から遠ざかってしまい、「楽しい言語学」の「光」ばかり追い求めていたら、どうなるでしょう。世界中のマクロな言語問題——英語支配、消滅に瀕する言語、言語による差別や格差——といった問題はますます悪化の一途をたどってしまうのではないでしょうか。

苦しい言語学としての「学際言語学」

学際言語学は、「楽しい言語学」というよりも「苦しい言語学」です。なぜなら、学際言語学とは、従来の言語学のように、言語を社会的現実から切り離して、言語のみを研究するものではないからです。それどころか、言語こそが社会問題の中核ととらえ、言語を社会的現実から切り離さず、社会、文化、経済、政治、教育、国際関係といったさまざまな社会的現実と結びつけて考察しようとする研究なのです。まさに言語が生み出す「影」を追究する学問です。

従来の「楽しい言語学」は、そういった社会的現実はばっさりと切り捨てて、言語そのもののみに焦点を当てて、研究します。そして、たとえば音声学のように、言語を切り刻んで、言語を理解しようとします。まさに言語を実験室の中に閉じ込める研究です。

対象を明確にし、実験室の中でその対象を切り刻む、分析する、つまり分けることにより分かろうとするのは、自然科学の手法です。しかし、「分ける」ことは本当に「分かる」ことにつながるでしょうか？

たとえば、ある人間をわかろうとする時、身長、体重、血液、レントゲン検査などで分析したとしたら、その人間を理解したことになるでしょうか。健康状態はわかるでしょうが、その人を理解したことにはなりません。

また、ある人の個人情報を集めれば、その人を理解したことになるでしょうか？　その理解は極めて表面的なものです。

ある人間を理解するには、その人の家族や職場や地域などにおける関係性を知ることが欠かせないものです。つまり、一人の人間を一つの点とすると、その点が他の点とどのようなつながりを持っているかを調べることが重要です。点と点を結びつければ線になり、線が出来れば、それは一つの構図、つまり構造となっていきます。その構造の中に映し出されたさまざまな線がその人の関係性であり、そこからその人がどんな人であるかが浮かび上がってくるのです。

言語は文明の基底構造

たとえば、日本語を取り上げます。日本語とは一体どんな言語かを理解するには、やはりほかの言語との関係性を知ることが不可欠です。

いわゆる言語学的にはウラル・アルタイ語系の孤立語などと分類されていますが、そういったさっぱりとした類型だけでは、日本語とはどんな言語であるかはわからないと思います。もちろん、日本語をさまざまに切り刻んだとしても、日本語の本当の姿はわからないでしょう。

日本語を理解するには、中国語との関係、英語をはじめとするいくつかの西洋語との関係を知ることが不可欠です。いや、それだけでは足りません。日本語を理解するには、日本の歴史を知らなければなりません。いや歴史だけでも不十分です。政治も経済も文化も全てわかっていないといけないのです。なぜなら、このような人間のさまざまな活動の基底構造となっているのが言語だからです。人間のさまざまな活動の中にその言語の実相が浮かび上がっているといえます。

文化と文明は人間の発明により可能になりましたが、言語はそれを動かす基本装置です。ただのコミュニケーションの手段ではありません。たとえば、国家や民族を統一するのは言語です。言語は民族意識、国家意識を生み出す装置といえます。英語は、国際化やグローバル化意識を駆り立てるイデオロギー装置といえます。

最近、ユニクロと楽天が英語を社内公用語にすると発表していました。こういう社会の動きに対しても、学際言語学者は敏感でなければならないと思います。ちなみに私は両社の社長に手紙を出して、英語の公用語化をやめるように訴えました（注2）。

面白きこともなき言語学を面白く

このように「苦しい言語学」である学際言語学は大変生真面目な学問で、「楽しい」とか「面白い」ということからは縁遠いものです。

ただ、「苦しい言語学」だからといって、そう苦しそうにしてばかりではいけません。「面白きこともなき世を面白く」といったあの幕末の志士高杉晋作の精神をわずかでも見習って、「面白きこともなき言語学を面白く」という姿勢をほんのわずかでも持ちたいとは思います。『日本語はおもしろい』といった柴田氏もきっと同じ精神から「面白くもない言語学」を面白いふりをしているだけなのかもしれません。

注

1　柴田武（一九九五）『日本語はおもしろい』岩波書店

2　津田幸男（二〇一一）『英語を社内公用語にしてはいけない3つの理由』阪急コミュニケーションズ

（二〇一〇年七月二一日）

ミニ講義② 学際言語学者とはどんな人だろう

今日は、学際言語学者とはどんな人かについて少し話したいと思います。学際言語学とは何かについてもはっきりしないうちに、学際言語学者とはどんな人かについて話すのはそれなりの理由があります。

それは、学際言語学は、いや、学際言語学にかぎらず、どの学問も人が大事であるからです。

問われる学者の人間性

あらためて考えてみますと、毎日の講義やこのような研究会では、理論や方法論やデータや分析について語られますが、肝心のそれらの全てを行なう人間については全くといっていいほど触れられません。

ことばを変えていいますと、現代の学問においては、知識や情報のみ注目されており、それを使う、あるいは作り出す人間が忘れられているといえます。もう一回いいなおすと、人間の脳の働きのみに注目が偏りすぎていて、人間そのものや人間性や人間のモラルや姿、形が無視されているのではないでしょうか。

私は、人間性を磨くことを中心にした教育が必要と思っていますが、残念ながら今の教育の現状はそうなっていません。知識と情報の蓄積のみが強調されています。

このような研究会や学会でも、知識、情報、論理の競争が活動の中心となっています。もう一〇年ほど前の話ですが、ある学会のシンポジウムに呼ばれたときのことです。その打ち合わせの席で、主催者がもっとも心配したことは、何だったと思いますか？

それは質疑応答の時間に、発表者や会の雰囲気を考えずに、自説を長々とわめきちらす学者がいかに多いかという悩みでした。いかに人間性に問題のある学者が多いかということがこの例からうかがえると思います。

「真・善・美」の追求が肝心

私はここにいる皆さんには人間性の欠如した学者にはなってもらいたくないので、そうならないためのアドバイスを今日はしたいと思います。

それはきわめて、シンプルでかつ伝統的な考え方です。私自身が今まで心構えとして心に留めてきたことです。

それは、あのドイツの哲学者のエマニュエル・カントの提示した「真・善・美」という三つの道徳的価値です。これを人間の中核に据えることが大事だといえます。

「真」とは真実、嘘ではないということです。真実を追究する、伝える、掘り起こす。人間にとって、学者にとって大変大事なことだといえます。しかし、それだけだと、先ほど紹介した例のように、あくなき自己主張に陥ることがあります。「真実」が人を打ちのめす場合もあります。

それよりも大事なのが、「善」というモラルだと思います。「善」を成す。「善」を成す人がいるのは本当に救いになります。「善」は語るものではなく、行為であらわすものです。「善」とは救済する行為といえます。

そして、善よりも尊いのが「美」です。この世界は「美」の結晶といえます。自然の美、宇宙の美、動物の美、植物の美、そして人間の美。世界は本来的に「美」そのものなのです。ですから、私たちひとりひとりもその美の一部とならなければならないのです。人は「美」を形成し、維持し発展させる義務があります。ましてや、学問を志す人間は美の形成と発展の先陣を切らなければなりません。

あなたは、毎日の生活の中で、「美」をどれほど意識していますか？ どんな姿ですか？ どんなことばを使っていますか？ どんなふるまいをしていますか？ どんなことを考えていますか？ そしてそれは「美」に通じていますか？ もう一度自分自身を見つめ直していただきたい。

「美」を意識しながら生きる

私はこの「真・善・美」という三つのモラルを皆さんの生活の中核に据えることをすすめます。特に「美」意識を持つこと、これが皆さんの学問を、そして人生を豊かにすることは間違いないでしょう。

つまり、学際言語学者とは「真・善・美」を追求し、体現している人ということです、是非「真・善・美」の体現を目ざして常に努力していただきたいと思います。特に最も重要な「美」を意識し、「美」を生み出すことが大切です。日常の全てにおいて「美」を意識する生活態度と心がまえが必要です。

今はもう一一月も半ばをすぎました。紅葉が目立ってきました。美しい自然の装いに気付いているでしょうか？　感動しているでしょうか？

数学者の岡潔氏は、「数学の研究はどういうことをしているかといいますと、情緒を数学という形に表現しているのです。」と語っています（注1）。学問の基礎は豊かな情緒であるということです。豊かな情緒を育むのは「美」に対する感受性です。

今日から、とにかく「真・善・美」にもとづいた生活を始めることをすすめます。

今日はこれくらいにします。

（二〇一〇年一一月一七日）

注

1　岡潔（二〇〇八）『情緒と日本人』ＰＨＰ研究所、一〇二頁

ミニ講義③　学問のことば

学問は母語で行なうべし

今日は学問をするときに何語でやるべきかということについて話したいと思います。

私の考えは明白でして、学問はその人の母語で行なうべきであるということです。それは何故でしょうか？　それにはさまざまな理由があります。

まず、母語はその人の思考を司る中心的言語であるからです。デカルトの時代は学問のことばはラテン語でしたが、彼は「我思う、ゆえに我あり」をフランス語で書いています。すなわち「我母語で思う、ゆえに我あり」なのです。同じことを外国語でやろうとしても、同じような高度で精密な思考に達するのはむずかしいのです。

私はときどき英語で論文を書きますが、そのたびにとても歯がゆい思いをします。日本語でやっているときに比べて、非常に不自由な思いをしながら執筆します。

しかし、その母語でさえも、自分の思考を一〇〇％くまなく表現する保証はありません。母語でさえも、歯がゆい思いをするのがしばしばです。いわんや外国語では到底完全な思考を行なうことは困難です。外国語では非常に稚拙で未熟な研究にならざるをえません。それを避けるには母語を使うことがよりよい選択といえます。

これをいうと、「いや、外国語で立派な研究を行なっている人は山ほどいる」という反論が必ずかえってきます。

たしかにそのとおりですが、そのように外国語で学問に成功している人はほんの一握りの人たちで、大多数は外国語のマスターに失敗しているという事実を忘れています。一部の成功者をもって、「外国語でも学問が立派にできる」というのは間違っています。

つまりは、最も自分にとってやりやすい言語で学問すべきであると考えるべきで、多くの人々にとってそれは母語なのです。私にとっては日本語です。

知的言語になるために

「学問を母語でやるべきである」という第二の理由は、それが「母語のためになる」からです。つまり、学問をすることによって、母語そのものをより知的に、より豊かにすることができるということです。

仮に日本人の学者が全員日本語でなく、英語で学問したら、日本語はどうなるでしょうか？　遅かれ早かれ、日本語は知的な言語ではなくなるでしょう。日本語はただの日常会話のための言語におとしめられていくでしょう。

こういう悲惨な例は、西洋諸国によって植民地化されたさまざまな国々において、すでに起きています。

たとえば、フィリピンがその例です。フィリピンの国語はタガログ語をベースとしたフィリピノ語ですが、これが学問の言語としては使われていません。それは主に英語によって行なわれています。その結果、複雑な知的抽象的な精神活動は主に英語に依存しているといえます（注1）。

英語にばかり依存し、フィリピノ語を知的に鍛えないと、フィリピノ語は知的言語になる機会を失ってしまいます。

フィリピンとは対照的に、日本ではこうして日本語で研究会を開き、日本語で学問が出来ることは大変すばらしいことだと、先人たちの努力に感謝したいと思います。中国からの漢字をよく消化し、それを用いて、西洋語をよく翻訳し身につけてきた日本の先人たちの努力を忘れてはいけないと思います。

日本語で学問できる幸運と奇跡

しかし、現在英語の勢いはすさまじく、世界中の学者たちは、母語でなく英語で学問することを求められています。

英語で学問することは個人にとってはさまざまな利益をもたらしてくれます。国際的な学会での発表とそれによる国際的な名誉が得られることはその一つです。英語圏の国々の大学や研究所に就職することも可能になります。

しかし、その一方で、各々の母語が知的言語になるチャンスが失われていきます。各々の母語は知的後退、知的衰退が起こるでしょう。

英語で学問する人が、母国と母語を離れて外国に定住すると、それは「頭脳流出」になります。学者はますます英語国に集まり、その他の国々では、学者が少なくなるという状況さえ起きるでしょう。日本でも同じことが実際に起こっています。京都大学の学者が、シンガポールの研究所にヘッドハンティングされたのはその一例です。

そして、日本の学会もものすごい勢いで、英語化しています。自然科学分野では、日本の主な専門雑誌は英語です。社会科学でも同じ傾向が出ています。日本を代表する経済学の専門誌は Japanese Economic Review という英語のものです。人文科学でも、これからは英語で出版することがますます求められてくるでしょう。

ノルウェーでは英語で論文や著書を出版すると特別ボーナスがもらえるという制度さえあるそうです。

心配なのは、すでに述べたように、母語の衰退です。英語以外の言語の知的後退です。

また、学問における発想や問題設定も、英語圏の学者のものが支配的になる恐れがあります。

このように、外国語とりわけ英語で学問することが求められている現代において、それにあやかって、英語で学問していくと、個人にとってはさまざまな利益になりますが、各々の言語にとっては大きな後退になります。

私たち日本人は「日本語で学問が出来る幸運と奇跡」を大切に継承しなければなりません。日本に留学している人たちは、日本語で学問することが多いと思いますが、自分の母語で学問しないということは、自分のためになったとしても、自分の母語と自分の国のためにはならないということを肝に銘じていただきたいと思います。

学問は自分の母語で行なうことが基本であると私は頑固に信じているのです。

今日はこれくらいにします。


（二〇一〇年一〇月二〇日）

注

1　たとえば、河原俊昭（二〇〇二）「フィリピンの国語政策の歴史」（河原俊昭編著『世界の言語政策』くろしお出版、六五～九七頁）を参照。

ミニ講義④　学問と戦争について

学者は学問だけやっていればいいのか？

日本人にとって毎年八月は、なんといってもあの戦争のことを想い出さずにはいられない時期のはずです。「はずです」といったのは、最近は必ずしも日本人のみんながみんな、八月に戦争を思わなくなったからです。

私たち学問を仕事としている者はとくにあの戦争のことは忘れてはいけないし、将来において、全くやむをえない場合を除いては、戦争に加担するようなことがあってはいけないと思います。

いわゆる専門バカということばがありますが、私たちは専門バカであってはいけないし、常に社会問題に鋭いアンテナをはりめぐらし、社会と世界の状況を見極められる力をつけておかなければなりません。そしてそれを基に自分なりの一定の見解というものをいつでも出せるようにしておくべきだというのが私の考えです。

学者は学問だけをやっておれば良いという人は多い。しかし、それは無責任な「科学中立主義」に聞こえます。中立であるはずの学問の知識が、権力者によっていかようにも悪用されたことは、歴史が示しています。アインシュタインも自分の生み出した相対性理論が原子爆弾の製造につながっていることを知り、晩年になり、核禁止を求めるデモンストレーションに参加しています。日本文学の耽美主義を代表する川端康成も、長い間孤高を保っていましたが、晩年は積極的に政治運動に協力しました。

学者は学会に参加し、学会誌に論文を出せば、それで事足れりとするのは、本物の学者ではありません。学者は国家や世界が誤った方向に進んでいるときに、そのことを命がけで異議申し立てをして戦うのが主な任務と私は教えています。異議申し立てをしたがゆえに、最悪の場合、命を落とす、あるいは投獄されるということが真の学者にはふりかかるのです。

山岡荘八『小説 太平洋戦争』を読む

この夏、私は歴史小説家、山岡荘八の『小説 太平洋戦争』を読みました（注1）。これは、九巻からなる大著で、私はそのうちの第一巻と最後の第九巻のみを読みました（本当は全九巻読破したと言いたいのですが、力およびませんでした）。

第一巻では、日本がいかにしてルーズベルトの仕掛けた罠にはまって、パール・ハーバーを攻撃し、太平洋戦争に突入したかがつぶさに語られています。私が読んだ限りでは、この戦争を最もやりたかったのは「アメリカ」であるということ、そして、日本側も同じく、戦争をしたかったのは、天皇でもなく、東条英機首相でもなく、「日本国民」であることを強く感じました。

当時、現在の中国に満州国を建てた日本に、アメリカとロシアは腹を立てていたのです。アメリカは日本に満州から撤退せよと命令したのです。白人の帝国支配は正しいが、日本人のような有色人種は植民地を持ってはいけないという論理であります。しかも、海軍の保有量も五：五：三という割合で日本は欧米諸国以上の軍隊を持ってはいけないというのです。

これに日本国民は怒ったのです。それを天皇も東条首相もおさえることが出来なかったのだ、とこの小説は語っています。

戦争の原因はどこにあるかを特定するのは非常にむずかしい仕事です。欧米側から見れば、日本の行為は人類を文明化しようとしている欧米側に対する野蛮な行為とうつるでしょう。でも日本から見れば、欧米こそが世界中を植民地化している野蛮な国々であり、それゆえそれを攻撃することは正義となります。太平洋戦争を有色人種がはじめて白人種に反撃した歴史的な出来事であると肯定的に評価する意見もあります。昭和三九年（一九六四年）に出版された林房雄の『大東亜戦争肯定論』はその一例といえます（注2）。

太平洋戦争後、アフリカや東南アジアにおいて多くの植民地が帝国支配を打ち破り独立国家になったことを考えると、日本の白人種に対する挑戦も無駄ではなかったと私は考えますし、そう考える人は少なからずいると確信しています。

山岡荘八の『小説 太平洋戦争』の最後の第九巻は、日本が戦争に敗北した後の状況をつぶさに語っています。八月一五日に敗戦を告げる天皇陛下のいわゆる「玉音放送」直後の日本の状況は本当に悲惨を極めていました。陸軍の多くの幹部は自決しています。その数は数百人にのぼったということです。戦争に勝つことを約束してそれが果たせなかったのですから、責任を取るのは当たり前ですが、戦国時代の武士のように、潔く腹を切って死をもっておわびをする軍人が多かったのを知って、とても神妙な気持ちになりました。中には、自決した夫を追って、直後に自決した婦人もいたということです。

一方、この当時、学者はどうしていたでしょう。山岡荘八によるとロクな学者はいなかったようです。学者はほとんどの日本国民と同じような行動をとっていたようです。どういうことかというと、あれほど憎かったアメリカを神のように崇めたてまつる一方で、天皇をはじめとして、日本の指導者の愚かさを批判し、軽蔑するようになったのです。戦争中は天皇をほめたたえ、戦争を応援していた学者の多くは、敗戦が決まり、マッカーサーの支配がはじまると、アメリカ崇拝に転向してしまったのです、なんともはや、なさけないとしかいいようがありません。

太宰治の「天皇陛下万歳！」

この当時、こんな日本のだらしない雰囲気を痛烈に批判した太宰治のエピソードがあります。これは数年前ＮＨＫ教育テレビで放送された太宰治のドキュメンタリーで見たものです。放送日時などはうっかり忘れてしまいましたが、とても印象的な内容でしたので、今でも覚えています。記憶を基にするとほぼ次のような内容だったと思います。

敗戦後、日本はアメリカに占領され、だれもがアメリカ一色に染まっていた当時、太宰の周りの友人の作家たちも同じようにアメリカかぶれになっていました。そんな友人たちとある時、酒をくみ交わして議論している時に、友人たちのだらしない転向ぶりに辟易とした太宰治は、すっくと立ち上がってこういったそうです。

「諸君らは、ついこの間まで、天皇天皇といってよこにも置かないことをいっておきながら、いざ敗戦となったとたん今度はアメリカ、アメリカといって崇め立てている。それではあまりにも天皇がかわいそうではないか。」（注3）

そういって、太宰は「天皇陛下万歳！」を何度もくり返したそうです。

強い者にこびへつらってしまう友人たちの節操のなさに太宰は大きな怒りを感じたのです。日本はたしかに戦争に負けました。ですがそれは軍事的な敗北です。精神や心までは決して負けていないはずです。それを思うと、いとも簡単にアメリカかぶれやアメリカ好きになる日本人の愚かさ、節操のなさに太宰は大きな怒りを感じたと同時に、深い絶望を感じていたにちがいありません。戦争後、太宰は愛人と多摩川に身投げして自殺しますが、それは節操のない日本人への強烈な批判と抵抗のメッセージだったのではないでしょうか。

軍人たちほど潔い死ではなかったのですが、彼の死は容易にその精神をアメリカ化しなかった、一途な文学者の心意気だったような気がします。

学者や知識人、文化人の「知」は容易に権力とつながっていきます。それを知っているから、多くの学者は専門バカになって「中立」を守ろうとします。しかし、「中立」を守ったままだと、学問の知識は権力に容易に利用、悪用されることは目に見えています。

学者は政治家、軍人を越えるべし

学者は、政治家や軍人を越えなければいけません。政治家や軍人以上にこの世界を知り、政治家や軍人以上の洞察でもって、すぐれた知見を広めていかなければならないのです。いいかえれば、政治家や軍人に悪用される「知」は、真の「知」とはいえず、政治家や軍人を指導し、忠告し、警告する「知」を生み出さなければならないのです。

戦争中に、私はどんなことがあっても学問を止めないといって戦争中でも研究と教育をつづけた人がいますが、私から見ればその人の立派さは中くらい、Bクラスです。ただ研究と教育をつづけてもそれは自己満足にすぎないからです。

自分の生きている時代に自分の学問はどんな意味をもっているのか、どんな影響を与えられるのか、国民や政府をはたして正しい方向に進ませることが出来る「知」なのか？　そこまで考えて学問をしなくては、真の学問には到達しないと私は考えています。日本にはそのような勇気ある学者が少なかったことも、太平洋戦争の敗北の一つの原因ではなかったのではないだろうかと思います。

注

1　山岡荘八（一九八六～八七）『小説 太平洋戦争』講談社、山岡荘八歴史文庫、第一～九巻

2　林房雄（二〇〇一）『大東亜戦争肯定論』（夏目書房）※昭和三九年には「番町書房」から出版されています。

3　太宰のことばはこの番組の記憶を基にした私の創作です。なお太宰治「パンドラの匣」に類似の会話があります。この小説で「天皇陛下万歳！」は当時最も斬新な思想であると太宰は鋭く皮肉っています。ついでながら、西尾幹二（二〇一〇）『ＧＨＱ焚書図書開封４』（徳間書店）の第八章は「太宰治が戦後あえて書いた「天皇陛下万歳」をＧＨＱは検閲で改めて消した」と題して、「パンドラの匣」の「天皇陛下万歳」の一節がＧＨＱの検閲により削除されたことを報告しています。なおこの第八章は溝口郁夫氏による執筆とあります。

（二〇一〇年八月二四日）

終章

国語教育こそ日本語を護る防波堤だ！

——私の国語教育目的論

はじめに

私は英語教師を三〇年以上やってきましたが、いつも国語教師になりたいと思っていました。それはなぜかといいますと、国語教育だと中味のあることを教えられるし、直接人格形成につながる意義ある教育が出来るからです。

一方英語教育は、「文法」や「表現」の技術教育になりがちで、深みのある内容を教えることがむずかしい。人格形成にはつながりにくい科目です。私はいつももどかしさを感じながら、英語を教えていました。

しかも、私は英語のネイティブ・スピーカーではないので、学生が私をあまり信用していない様子であることも「癪《しゃく》の種」です。

「国語教師ならそんなことはないのに。」

私はいつもそう思っていました。

英語教師は外国語である英語に常に縛られていて、自由闊達な教育が出来ないものです。一方、国語教育はそんなことはありません。なにしろ国語教師は、日本語のネイティブ・スピーカーです。「生き字引」のようなものです。自信を持って教えることが出来るのです。

私は国語の先生がうらやましい。英語教師に比べて、自信を持って、しかも内容の濃い「人格形成」教育が出来るからです。

もしなれるものなら、なりたいですが、もう遅すぎるのでいまさらそれは求めません。代わりに、本書の結びとして、私と違って幸運にも国語教師になった先生方に一つお願いをしたいと思います。

そのお願いとはこの章のタイトルにありますように、「国語教育こそ日本語を護る防波堤だ」という認識というか覚悟を持っていただきたいということです。

「そんなことは百も承知だ」といわれそうですが、私がやりたくてもやれないことなので、是非国語の先生方にこのお願いを実践していただきたいと思います。

水村美苗氏の提案 ― 「国語としての日本語を護る」という理念

本書でも何度か言及した作家水村美苗氏の『日本語が亡びるとき』（筑摩書房）は、英語支配が進む現代において、将来的に日本語、そして日本文学が衰退する危険性を警告する優れた著作ですが、その第七章は、「それではどんな対策があるのか」について考察している章で、そこで水村氏は、英語教育はどうあるべきかという議論はもちろんのこと、言語教育、そして日本の教育全般にわたる理念について重要な提言を述べています。

まず、「日本語が亡びることを防ぐ」という観点から、水村氏は日本のこれからの言語政策をどうするかという点について三つの選択肢を出し、そのうちの第三の選択肢を選ぶべきであると主張しています。その三つの選択肢とは以下のものです。

Ⅰ　国語を英語にする。
Ⅱ　国民の全員がバイリンガルになることを目指す。
Ⅲ　国民の一部がバイリンガルになることを目指す。

日本の「言語的孤立」を避け、英語で意味のある発言が出来る人材を一定数育てるべきだと水村氏は考えて、Ⅲを選択すべきだというのです。

これは妥当な選択です。ⅠでもⅡでも英語の支配力が断然大きくなることは明らかです。これでは「日本語を護る」ことにはなりません。Ⅲは英語の影響力を少なくしながら、同時に世界とのつながりも保っていこうという選択です。

しかし、水村氏の議論はここで終わりません。

水村氏は、問題はなんらかの言語政策を選べば済むのではなく、日本人の言語意識のあり方にあるというのです。日本語や英語について日本人の多くが持っている「前提」を問い直さなければならないというのです。

それはどんな「前提」かというと、「学校教育を通じて多くの人が英語を出来るようになればなるほどいい」（二八四頁）という考え方です。

この「前提」を否定し、「**国語としての日本語を護る**」という理念を打ち立てなければ、日本語が亡びることをくい止められないと、警告するのです。

少し長いのですが、その部分を引用します。

> 「もし、私たち日本人が日本語が「亡びる」運命を避けたいとすれば、Ⅲという方針を選び、学校教育を通じて多くの人が英語をできるようになればなるほどいいという前提を完璧に否定しきらなくてはならない。そして、その代わりに、学校教育を通じて日本人は何よりもまず日本語ができるようになるべきであるという当然の前提を打ち立てねばならない。英語の世紀に入ったがゆえに、その当然の前提を、今までとはちがった決意とともに、全面的に打ち立てねばならない。
>
> 日本語を〈母語〉とする私たちには、「あれも、これも」という選択肢がないというだけではない。〈普遍語〉のすさまじい力のまえには、その力を跳ね返すぐらいの理念をもたなくてはならないのである。そして、そのためには、学校教育という、すべての日本人が通過儀礼のように通らなければならない教育の場において、〈国語〉としての日本語を護るという、大いなる理念をもたねばならないのである。」（二八四〜二八五頁、傍点ママ）

まさに至言であります。

よくぞ言ってくれた、と思います。

「日本人は何よりもまず日本語ができるようになるべきである」と「〈国語〉としての日本語を護る」という二つの理念は、当然あって当たり前の理念であり、国語教育の理念としてはもちろん、日本の教育全体の中心的理念にすべきであります。

教育の基本理念①：日本人は何よりもまず日本語ができるようになるべきである

「日本人は何よりもまず日本語ができるようになるべきである。」これを日本の教育の第一の理念にすべきです。

これを私は「日本語本位の教育」と名づけます。

当たり前のことですが、この「前提」が今の日本ではすっかり忘れられています。それよりも何かというと「英語」です。「国際化」「グローバル化」の時代だから、「日本人は英語が出来なければならない」という「前提」のほうが日本人の意識の中に深く浸み込んでいます。そしてこの「前提」はなかなか堅固で、簡単に崩れそうにありません。しかし、この「前提」を崩さなければ、「日本人は何よりもまず日本語ができるようになるべきである」という前提を打ち立てることは当然できません。

しかし、残念ながら、現在の日本を見渡すと、「多くの日本人が英語が出来るようになればなるほどいい」という前提を支え、強化するような体制と環境の方が断然多いのです。

たとえば、進学と就職を取ってみても、試験科目には必ず「英語」がありますが、「国語」を課さない大学は少なくありません。就職試験でも、英語は必ずといっていいほど必須ですし、TOEICという英語能力試験のスコアの提出を義務付ける企業が増えています。

それに、文部科学省のいわゆる「英語中心主義」はますます強くなっています。二〇〇三年と二〇〇四年に「英語が使える日本人育成のための戦略構想と行動計画」という英語教育強化政策を打ち出し、「多くの日本人が英語が出来るようになればなるほどどいい」という国民の間に広がっている「前提」をさらに広げるような動きを見せています。

この政策では、高校に「スーパー・イングリッシュ・ランゲージ・ハイスクール」の指定校を全国に設けて、英語教育の強化と振興に乗り出しています。対照的に、高校の国語教育を強化する政策は打ち出されていません。

大学教育はもっとひどいものです。英語はほとんどすべての大学で必修科目ですが、国語はまったく無視されています。

それどころか、「国際教養大学」や「国際教養学部」など、「国際」を冠した大学や学部が急増して、そしてそこでは「英語で教育すること」が売り物にされており、「英語が出来ると就職出来る」や「英語が出来る人こそ国際人」という宣伝文句が飛び交っています。

このような日本の社会と教育の体制と環境は、ますます「多くの日本人が英語が出来るようになればなるほどいい」という「前提」を強めるもので、その結果、「日本人は何よりもまず日本語ができるようになるべきである」という意識が広まる気配はまったくといっていいほどないのです。しかし、この日本の「英語中心主義」を変えなければなりません。「英語中心」の意識を打倒して、「日本人は日本語ができるようになるべきである」という意識を打ち立て、「**日本語本位の教育**」を確立しなければならないのです。

大学教育で日本語（国語）を必修科目にせよ！

そのために必要なのは、**大学教育で日本語（国語）を必修科目にすることです。**英語をはじめとした外国語は選択科目に変えるべきです。

日本語（国語）を必修科目にし、外国語を選択科目にすることにより、日本語と外国語の上下関係を明確にすることが出来るのです。

今までは、英語が必修科目で、日本語（国語）は選択科目でもなかったのですから、英語が「上位言語」で、日本語（国語）は「下位言語」という上下関係があったのですが、これが、日本語（国語）を必修科目にすることにより、英語をはじめとする外国語との関係が逆転し、日本語が「上位言語」で、外国語が「下位言語」という「本来のあるべき上下関係」を構築することが出来るのです。

もしこの改革が実現されれば、それは日本人の意識に大きな衝撃を与えることになると思います。今まで、中学から大学まで英語が必修なので、日本人の多くは「英語が出来るようになればなるほどいい」という気持ちになっていたのです。

しかし、日本語（国語）が必修科目になれば、意識が逆転し、「日本人は何よりもまず日本語ができるようになるべきである」という意識が高まることは間違いありません。今まで英語、英語といってきたが、それが必修科目でなくなれば、その重要性は急落するのではないかと私は考えます。「日本人は何よりもまず日本語ができるようになるべきである」という当然の「前提」を日本社会に根付かせるために、**大学教育において、日本語（国語）を必修科目にしなければならないのです。**

教育の基本理念②〈国語〉としての日本語を護る ―国語教師の役割

水村氏はもう一つとても大事な理念を提案しています。

それは、「〈国語〉**としての日本語を護る**」という教育理念です。とてもすばらしい理念です。しかし、今の日本人にはこの意識が希薄です。空気や水と同じように何もしなくても日本語は永遠に存在すると思っています。言語が消滅することなど夢にも思っていません。

ですから、国語教育で、「言語は亡びるもの」であることを教え、日本語（国語）を護ることを教えなければなりません。

私は拙著『日本語防衛論』（小学館）で、「日本語防衛戦略」として、五つの言語防衛戦略を提案しました。それらは以下のとおりです。

日本語を護るための五つの言語防衛戦略

1．日本では日本語を使おう
2．日本語本位の教育の確立
3．「日本語保護法」の制定
4．日本語を国際語にする
5．日本をもっと宣伝せよ

この五つの日本語防衛戦略については、本書のあちこちで取り上げたので、大体のところはご理解いただけると思いますが、詳しくは『日本語防衛論』をお読みください。このような知識を持った国語教師に、国語の時間に「日本語を護ること」を教えていただきたいと思います。

そして、できれば、国語の先生なりの「日本語防衛戦略」をお考えいただきたいと思います。私は現在いくつかの科目で『日本語防衛論』をテキストにして講義していますが、そこでは私の「日本語防衛戦略」を教えた後に、学生たちに、「それでは君たちの日本語防衛戦略を考え出してください」

と課題を与えます。私の考えの受け売りではなく、独自の考えを持ってもらいたいからです。考えたり、議論したりすることにより、「日本語の大切さ」が心にしみこんでいくのではないでしょうか。国語の時間に、「英語支配」や「言語の消滅」という世界の言語問題を取り上げるべきですし、それをもとに「日本語を護るために何をすべきか?」を考えさせることは「〈国語〉**としての日本語を護る**」ために大きく貢献すると考えます。

「なぜ日本語を護るのか?」を教える

さて、闇雲に「日本語を大切にしなさい」とか「日本語を護ろう」といっても、ひとびとはなかなか納得しないものです。

なぜ、日本語を護るのか。この理由を明確に教えることも大切です。これも国語の先生の仕事にしてもよいのではないでしょうか。

たびたび言及して申し訳ないのですが、拙著『日本語防衛論』では、「言語防衛理論」としてこの点について論じました。そこでは、私は日本語を護る理由として五つ挙げました。それらは以下のとおりです。

日本語を護る五つの理由

1．ことばと民族の絆＝日本人とは日本語人

2．国語は国家の基盤

3．日本語は日本の「公共文化財」

4．「自己改造」から「自己回復」への転換

5．世界平和のため

1と2はおそらく自明のことなので、ここでは説明を繰り返しませんが、3～5について、少し触れたいと思います。

まず「3．日本語は日本の「公共文化財」」ですが、すでに述べたように、日本人は日本語を当たり前の存在、決してなくならないものととらえています。水や空気と同じに思っています。ですから、「護ろう」などということは夢にも思わないのです。

そういう「脳天気な」姿勢を変えるためにも、「日本語は日本の「公共文化財」」であるといって、日本語の価値を明確に示すことが必要です。「公共文化財」というと、神社仏閣が頭に浮かびますが、それらを護ることは誰にもわかります。神社仏閣と同じか、それ以上に大事な「公共文化財」が言語なのだということを認識させなければなりません。日本語は日本文化の歴史と伝統の結晶であり、象

徴であるからです。

次の「4．「自己改造」から「自己回復」への転換」とは、どんな意味かというと、「自己改造」とは、明治時代以来、西洋諸国をお手本にして自分を変えてきた日本人の生き方を指します。英語をはじめとした外国語を学ぶことも、洋服を着て西洋人のまねをするのも「自己改造」です。

私の提案は、もうそんなことは止めましょうということです。他人をお手本にして「自己改造」を続けたら、行き着く果ては「自己喪失」です。日本人は「日本らしさ」を失い、「無国籍」になってしまいます。

だから、外国語ばかり追い求めるのは止めて、日本語に回帰して、「自己回復」を図るべきです。「日本語を護る」ことは日本人の「自己回復」につながるのです。

最後の「5．世界平和のため」ですが、なぜ日本語を護ることが世界平和につながるのかと疑問に思う人がいるかもしれませんが、理由は二つあります。

一つは、水村美苗氏も指摘しているように、日本語は日本の国語として、そして主要な近代文学を築き上げた唯一の「非西洋語」であるがゆえに、日本語が存続していくことは「世界的使命」なのです。「西洋語支配」の現状で、日本語のような「非西洋語」が存在すること自体が、世界的な意味があるのです。

もう一つの理由は、『日本語は亡びない』（筑摩書房、二〇一〇）の著者金谷武洋氏の議論によるもので、英語はSVOという言語構造のゆえに、主語（人）を必ず必要とする言語で、それゆえに、人間中心のエゴイズム拡大の言語であると述べています。それに比べ、日本語は必ずしも主語を必要としない言語なので、エゴイズムはそれほど拡大しない言語であるとのことです。

かなり大胆な仮説ですが、私はこれを支持します。

考えてみれば、日本人があまり自己主張せずに謙虚な傾向があるのは日本語が影響している気がします。対照的に、西洋人はおおむね自己主張が強いのは言語構造が一つの原因になっているかもしれません。

世界中の対立や戦争の原因はエゴイズムにあることは明白です。それを考えると、エゴイズムを拡大する言語でなく、それを抑制するような言語が世界平和に役立つはずです。ゆえに、日本語は世界平和の役に立つのです。

日本人ばかりのためでなく、世界のためにも「日本語を護る」、そして発展させていくことは大きな意味があるのです。「日本語のない世界」というのは本当に大きな精神的財産を失った世界といえます。日本語が亡びるということは世界にとっても大きな損失です。

私の提示した五つの理由を参考にして、各々の国語の先生が「なぜ日本語を護るのか」の理由を自分なりに考えて、生徒たちに教えて欲しいと思います。

日本語を護るために国語で何を教えるか――水村美苗氏の二つの提案

もうすでにいいましたが、国語の先生は是非生徒たちに「日本語の大切さ」「日本語への愛着」を教えていただきたい。

それでは、日本語を護るためにいったいどういうこと、どんな内容を国語の時間に教えたらよいのでしょうか。

それにはまた水村美苗氏の考えがヒントになります。水村氏は国語教育の目的について次のように明言しています。

「日本の国語教育はまずは日本の近代文学を読み継がせるのに主眼を置くべきである。」（三一七頁）

「日本の国語教育においては、すべての生徒が、少なくとも、日本近代文学の〈読まれるべき言葉〉に親しむことができるきっかけを与えるべきである。」（三一九頁）

「具体的には、翻訳や詩歌も含めた日本近代文学の古典を次々と読ませる。しかも、最初の一頁から最後の一頁まで読ませる。」（三一九頁）

こういって、たとえば、樋口一葉の『たけくらべ』を原文ですべて読ませるべきと提案しています。

しかも教育全般についても次のような提案をしています。

「教育とは家庭環境が与えないものを与えることである。
教育とは、さらには、市場が与えないものを与えることである。」（三二七頁）

水村氏の提案をまとめると、国語教育では、

①日本近代文学の古典を精読させる。
②家庭や本屋では手に入らないものを読ませる。

となります。

大賛成です。

これは「国語教育で何を教えるか?」を考えるときのもっとも意義ある基準になると思います。

教科書にこだわらず日本近代文学の名作を読ませるべき

ただ、今の国語の教科書を見ると、水村氏の提案からはかけ離れています。教科書の構成が、「現

代文」「古文」「漢文」となっていて、「近代文学」というジャンルがないのです。

これでは国語教育に「近代文学の古典」が入り込む余地がありません。

しかも教科書では、「現代文」でも「小説」「評論」「詩」「短歌・俳句」といろいろなものを載せなければならないので、すべて短編のものばかりとなり、長編小説の掲載は不可能です。

しかし、これであきらめてはいけません。

ここからが、国語の先生の腕の見せ所です。

国語の先生ならば、自分の好きな日本近代文学の古典があるはずです。それを生徒たちに読ませるのです。夏目漱石でも、森鴎外でも、永井荷風でも誰でもかまいません。彼らの名作を「最初の一頁から最後の一頁まで」とにかく読ませるのです。

学生時代から今まで好きになった文学者や愛読書はあるはずです。その自分にとって大事な作品を生徒たちに薦めるのです。少し恥ずかしい気持ちになるかもしれませんが、先生の情熱は不思議と伝わるものです。

私の高校時代の国語の先生は武者小路実篤が好きな先生でした。たしか『友情』という作品を取り上げて話をしてくれましたが、その先生の情熱は今でも記憶にあります。私はそれに感化されて、現にその当時、課題でもない『愛と死』という作品を、自ら進んで読んで感動した記憶があります。

高校生といえば、「友情」や「恋愛」についてあれこれと考える多感なときです。この国語の先生は、そのことをしっかりとわきまえていて、高校生の精神的成長に役立つような糧として武者小路実篤の作品を薦めてくれたのだと思います。

実際、高校生の頃に武者小路実篤の作品を読んでおいたので、「友情」「恋愛」などに対しての「心構え」とまではいかないまでも、「一つの考え方」を得られたような気がします。それよりもなによりも、他の勉強などはそっちのけで、『愛と死』をどきどきしながら読んだこと自体が何物にも代えがたい貴重な経験になったと思います。あのときの国語の先生に本当に感謝したい。

今この文章を書いていて、『愛と死』がまた読みたくなるほどです。悲しい物語だけど、なぜか温かな気持ちになった。そんな記憶があります。私の心の奥底に何かを残してくれた作品なのです。そしてそれが私の人格形成になんらかの影響を与えたかもしれません。

文学はそれほどの影響を与えるものなのです。

そしてそれが国語教育では可能なのです。

水村氏は武者小路実篤の作品を「日本近代文学の古典」と認めてくれるかどうか私にはわかりません。でも、私はそう思いたいです。

国語の先生は「自分にとっての名作」を生徒たちに薦めるべきです。教科書だけで済ませてはいけません。自分がもっとも感動した作品を是非教室で薦めていただきたいと思います。ちなみに私にとっての「名作」は吉川英治の『宮本武蔵』です。これは昭和を代表する名作で、若者たちに「求道精神」

を学ばせるにはうってつけの作品です。

ただし、「名作」にも一つ条件があります。

水村氏は「②家庭や本屋では手に入らないものを読ませる」といっています。

これはいいかえると、「今流行のものは読ませない」ということだと思います。

とすると、現在もてはやされているような作家は国語教育では扱わないということになります。

国語教科書にも現代作家が何人か出ていますが、私は反対です。現代的過ぎるからです。どこでもすぐ手に入るからです。

流行に流されず、名作を読ませる。

国語教育はこれに尽きるのではないでしょうか。

古文教育における「軟弱路線」からの脱却　―梅原猛氏の提案

国語教育には「古文」もあり、そこでも何を教えるかが問題です。

それを考えるのに、あの梅原猛氏が一九七六年に出版された『日本文化論』（講談社）は大変示唆に富んでいます。

まず、梅原氏は「国語教育とは、なによりも日本語に対する愛着を育てるものです。」（四三頁）と国語教育の目的をあらかじめ明言しています。

そして、国語教育は戦前から「徒然草」や「方丈記」といった「人生の無常」や「もののあはれ」を強調する軟弱なものが中心だったと述懐し、こういう内容では日本人が伝統的に培ってきた日本精神は学べないと批判します。梅原氏は次のように言っています。

「私は『方丈記』『徒然草』必ずしもつまらぬとはいいませんが、『徒然草』にしても「つれづれなるままに」でしょう。退屈なるにつれて、です。『方丈記』——無常でしょう。退屈男と無常男。これは少なくとも一流の人物ではないと思います。吉田兼好にしても鴨長明にしてもそれぞれ面白い人物ですが、決して歴史を動かすような人物ではありません。やはり第一級の文学者ではないと思います。第一級の人物は、退屈とか無常とかいう感情におぼれていないと思います。」(四三頁)

そして、代わりに、親鸞、道元、日蓮、空海の著作を国語教育で読むべきだと主張します。なぜなら、これらの人々の著作こそが「日本人の精神的バックボーン」を形成したからです。この四人は本当に骨太で男らしくたくましい人物たちです。この人たちの書物があまりにも忘れられているのは残念なことです。

梅原氏はさらにいいます。

「鴨長明や吉田兼好ばかり教えていると、人間が小さくなってしまう。けちくさくて、ニヒリストばかりになってしまう。人生に真正面から立ち向かわないで、斜に構えるような人間になってしまうのです。吉田兼好など、人生を横目で眺め、そして女性が好きなくせに、女をくさしたりしています。日蓮なら、好きなら好きといいます。」(四六頁)

さらに、梅原氏は日蓮の著作を高校生に教えるべきと次のように言っています。

「日蓮には片一方に強いところがあり、片一方に涙もろい、ほろりとするところがあって、今だに日本人の心を魅了し、日本を動かしているのです。日蓮の手紙など、けっしてむずかしいものではありませんから、高等学校の一年生くらいで教えるのがよい、いや、教えなくてはいかんと思うのです。」(四五〜四六頁)

日本文化というと、「もののあはれ」「無常」が強調されていますし、実は私もそれが結構気に入っています(第四章では川端康成やいくつかの日本の短歌を紹介しましたし…)。しかし、梅原氏の指摘を読んで、私は反省せざるをえません。「もののあはれ」「無常」も日本文化の重要な価値であることは誰も疑わないですが、でも日本の思想はそれだけではないことも事実です。

日蓮や空海、道元といった骨太な精神的伝統を築いた人々が国語教育では忘れられていたのではないでしょうか。

たしかにこれらの思想家は特定の宗派の教祖なので、宗教を扱うことは学校教育ではむずかしいかもしれません。

しかし、梅原氏の指摘は傾聴に値しますし、国語の先生はこの指摘を真摯に受け止めるべきだと思います。日本には「もののあはれ」や「無常」だけでなく、このような「骨太な精神的伝統」があるのだということを教えるのも国語教育の役割といえます。

教科書に入れることは無理かもしれませんが、ひとりひとりの国語の先生方が勇気を出して親鸞、日蓮、空海、道元について語り、その著作を少しでも読ませるようにしていただけたらと思います。

それはきっと「日本語への愛着」を育て、「日本語を護ること」につながるはずです。

国語教育こそ日本語を護る防波堤だ!

さて、水村美苗氏の提案した二つの理念、①「日本人は何よりもまず日本語ができるようになるべきである」、②「〈国語〉としての日本語を護る」に沿って議論を進めてまいりました。

この二つの理念を実践する中心的拠点は、まちがいなく「国語教育」です。いいかえれば、国語の先生方がこの理念を心に深く刻み込むことがなによりも重要と考えます。

①「日本人は何よりもまず日本語ができるようになるべきである」という理念は、「日本人は**英語ではなく**何よりもまず日本語ができるようになるべきである」といいかえてもいいと思います。

今の日本は「グローバル化の時代だから、英語が出来なければ」という「脅かし」に縛られています。そして、親たちは子どもを小さい頃から英会話教室に通わせています。英語に夢中になって、日本語を二の次にしているのです。また、政府も社会全体もそのように仕向けています。

いわば、「英語優先の日本」になっています。

国語の先生方は、そういう「英語優先の日本」に戦いを挑まなければなりません。「日本人は英語ではなく何よりもまず日本語ができるようになるべきである」と堂々と主張し、「英語優先の日本」を問いただし、国語教育の重要性を唱えていただきたい。「日本語を二の次にしてはいけない。日本人は何よりもまず日本語ができるようになるべきである」と胸を張って主張すべきです。英語教育よりも国語教育のほうが何百倍も重要であると主張すべきです。「英語は二の次でよい」というべきです。

そして、同時に②「〈国語〉としての日本語を護る」ことの大切さを自覚し、国語教育こそが日本語を護る防波堤の役割があることを心に誓っていただきたい。

「日本語が亡びる」というと多くの人が「そんなバカな」と否定します。今は実感が湧かないかもしれません。しかし、歴史を振り返ると、言語はあっさり消滅しています。そして、多くの場合、消滅の原因は言語学的なものではなく、外国の侵略や戦争や支配によるものです。言語が原因ではなく、政治と国際紛争・戦争が原因です。

現在日本に英語が広がっている主な原因は、日本がアメリカとの戦争に敗れ、戦後アメリカの支配下に置かれているからです。

しかも、今日本の周りを見ると、友好的な国は一つもありません。中国、ロシア、韓国は日本の領土を不法占拠したり、侵略しようとしたりしています。北朝鮮は数十人、あるいは数百人の日本人を拉致しています。これらの国はいつなんどき日本に侵略し、支配するかもしれません。もしそうなったら、日本語は瞬く間に消滅します。

国語の先生が「日本語への愛着」を教えるのは当然なのですが、同時に現在「日本語という国語を使えることの幸運」についても教えるべきです。

現在、当たり前のように、日本では日本語を使って生活していますが、それも外国からの侵略や支配や戦争がないから、可能なのです。「防衛意識」を完全になくしてボンヤリとしていると、日本の平和は崩され、日本語が使えないような状況になり、「日本語という国語を使えることの幸運」を失うかもしれないことを教えるべきです。

今日、このようにして日本で日本語で生活が出来るのは、先人たちの努力と献身と犠牲の上に成り立っていることを、まずは国語の先生方が認識し、それを次の世代に教えていくべきです。「〈国語〉

としての日本語を護る」国語教育を実践して、生徒たちがそれを実感出来るようにすべきです。日本人ひとりひとりの「日本語を護る」という強い防衛意識なくして、「日本語という国語を使えることの幸運」はけっして持続するはずがないことを教えるべきです。「日本語を護るのだ」という意識なくしては、日本語は護れないのです。

国語教育こそがそれを教えるべきです。

日本語を護る防波堤になるべきです。

国語の先生方がこのことを深く心に刻んで国語教育に臨んでいただきたいと思います。

参考文献

梅原猛（一九七六）『日本文化論』講談社

津田幸男（二〇一一）『日本語防衛論』小学館

水村美苗（二〇〇八）『日本語が亡びるとき』筑摩書房

あとがき

今、日本のいたるところで「国際化」「グローバル化」の嵐が吹いている。それは具体的には、英語を強調し、日本語を背景に追いやることを意味している。「日本語の危機」は今ははっきりとはわからないが、一〇年後、二〇年後にその危機ははっきりと出てくることだろう。

文部科学省は「国際性の日常化」などというスローガンを掲げて、各大学に「国際化」を促し、多くの大学はそれに従っている。私が勤める筑波大学では卒業に必要な一二五単位のほぼ半分に相当する六〇単位まで留学により得た単位でよろしいという制度にするという。これでは日本の大学で学ばなくとも良い、あるいは日本語で学ばなくとも良いといっているのと同じである。

また平成三二年度までに留学生の数を現在の一六〇〇人から四五〇〇人と約三倍にするそうだ。そうすると学生の四人に一人は外国人ということになる。教師としても教えづらくなるし、学生の生活環境も悪化の恐れがある。すでに大学の寮で留学生が群れを成していて、生活しづらいという日本人学生の不満が出ている。学生間の事件が起る可能性もある。

さらに京都大学では外国人教員を一〇〇人増やして、教養教育の半分は外国人による英語の講義になるという。本国で仕事のない外国人にとってはありがたい話だろうが、日本の大学で働きたい日本人にとっては迷惑な話だ。外国人を優先するあまり、日本人が逆差別されているようなものである。

しかも、英語による講義が半分となると、日本語で学ぶ機会が半分になることを意味している。「日本語による教育」が衰退してしまう。

しかし、私の懸念にもかかわらず、「国際化」「グローバル化」は押し進められている。誰もその愚かさ、重大さに気づいていない。大学に止まらず、職場でも、マスメディアでも「国際化」「グローバル化」のかけ声の下、英語と外国人が優先される構図が出来てきている。それは将来的には、「日本と日本語の危機」の到来を暗示している

本書は、このような深刻な現状を踏まえて出版されたもので、二〇一一年の『日本語防衛論』（小学館）の続編ともいえる一冊である。

これからも、「日本と日本語を護るための発言」を続けたいと考えている。

ちなみに、次の三つを今後の私の言論活動の目標としたい。

（1）大学教育における日本語の必修化

本書でも述べたが、大学教育で日本語が必修科目になっていないことが日本の諸問題の根幹にあると考える。英語の必修化を廃止し、日本語を必修科目にすることこそが、日本語と日本を護る中核である。英語や外国語はやりたい者だけやればいいのである。

（2）日本語保護法・日本語使用法の制定

本書では「日本語保護法」の制定を訴えたが、同時に「日本語使用法」——つまり、「外国語使用規制法」——の制定も目指したい。外来語が充満する現状を変え、日本語中心の社会の維持と強化を果たしたい。

（3）日本語を国際語にする

日本語の地位を磐石にするには日本語を国際語にすることが効果的である。日本語を世界の大言語の一つとして確立しておくことが日本語を護ることにつながる。

本書の出版時で私は六二歳である。これから何年生き延びられるかはわからないが、この三つの目標の実現目指して、全身全霊を傾けたい。愛する日本と日本語のためなので、日本人としては当たり前のことであるが、この三つの実現を目指して粉骨砕身してがんばる所存である。

今の日本の平和と繁栄を可能にしたのは、これまでの数々の世代にがんばった人々の努力のおかげである。戦争で亡くなった人々。仕事で全力を尽くした人々。家庭を支えた人々。これらの無数の、そして無名の人々がいたからこそ、現在の日本がある。しかし、彼らは英語が優先され、外国人が優遇される日本のためにがんばったのではない。「日本人の、日本人による、日本人のための日本」のためにがんばったのである。私も同じ気持ちである。この気持ちを持った日本人が多くならないと日

本は亡びる。

本書の出版に際しては、明治書院編集部の久保奈苗氏に格段のお世話になりました。明治書院発行の雑誌「日本語学」への執筆が縁で出版の運びとなったが、私の拙い企画を認めていただき感謝に絶えません。本書の出版により、私は英語論から日本語論への入り口に立った気がします。今後もさらに精進したいと思います。

平成二五年三月　　著　者

津田幸男（つだ・ゆきお）

一九五〇年神奈川県生まれ。筑波大学人文社会系教授。一九八五年、南イリノイ大学でPh. D. 取得（スピーチ・コミュニケーション）。長崎大学助教授、名古屋大学教授を経て、現職。専門は、英語支配論、言語政策。二〇〇七年には、フルブライト・スカラー・イン・レジデンスで、サンマテオ大学において講義を行う。

主な著書に、*Language Inequality and Distortion*（一九八六年、オランダ、John Benjamins社）、『英語支配の構造』（一九九〇年、第三書館）、『英語支配への異論』（一九九三年、第三書館）、『侵略する英語反撃する日本語』（一九九六年、PHP）、『英語支配とは何か』（二〇〇三年、明石書店）、『英語支配とことばの平等』（二〇〇六年、慶應義塾大学出版会）、『日本語防衛論』（二〇一一年、小学館）、『英語を社内公用語にしてはいけない3つの理由』（二〇一一年、阪急コミュニケーションズ）などがある。

日本語《にほんご》を護《まも》れ！
「日本語保護法《にほんごほごほう》」制定《せいてい》のために

平成二五年五月一〇日　初版発行

著　者　津田幸男《つだゆきお》
発行者　株式会社明治書院　代表者　三樹敏
印刷者　精文堂印刷株式会社　代表者　西村文孝
製本者　精文堂印刷株式会社　代表者　西村文孝

発行所　株式会社明治書院
〒一六九―〇〇七二
東京都新宿区大久保一―一―七
電話　〇三―五二九二―〇一一七
FAX　〇三―五二九二―六一八二
振替　〇〇一三〇―七―四九九一

装　丁　美柑和俊［MIKAN-DESIGN］

ISBN 978-4-625-63413-0